T0285773

Verbolario

RODRIGO CORTÉS

Verbolario

RANDOM HOUSE

Dos mil quinientos días de *Verbolario*

Casi todo es fruto del azar, responda a un plan o no. El resultado imprevisto de lo que, de haber recibido atención, habría podido preverse. Se cumplen dos mil quinientos días de la germinación del huerto que mancha cada día *ABC*, casa de plumas de Camba y Azorín acá, de Wenceslao acá, de Jardiel acá, de Cunqueiro y la Pardo Bazán acá. Dos mil quinientas mañanas. Dos mil quinientas voces. Dos mil quinientas definiciones. Ocho años —y los que Apolo disponga— de desnudar palabras, de esquivar su significado común para tratar de alcanzar el verdadero. Que es, casi siempre, el opuesto.

Todo empezó, decía, sin querer. Hace dos mil quinientos partos. Me invitaba a su casa Isabel Vigiola, que, no sé si lo sabrán, fue viuda de Mingote. Isabel recibía muy bien, que se decía antes. Antes de mí, por lo menos. No es que uno sea amigo de gente ilustre (yo soy de Salamanca), pero sí, por descosidos del destino, del sobrino de Isabel: Óscar, director de producción y compañero de algunas aventuras. Ella —por culpa de él— se había tropezado con mis libros, que le habían hecho gracia y puesto a pensar en Ramón, Neville y Chumy (a quienes he admirado mucho, por separado y en otro tiempo). Isabel, antes de hablar por teléfono de las cosas importantes para que Mingote pudiera entregarse sin distracción a sus monos (así llamaba a sus dibujos), había sido secretaria de Neville, precisamente. De Edgar, digo. Diplomático, escritor, dramaturgo, director de cine. Deudor. Un artista muy completo. Me enteré de muchas cosas en aquella comida.

Supe que Isabel vivió de niña encerrada en un portal, comiendo mondas de patata durante la guerra. Que su padre, torero, se daba colorete en las mejillas para que no se le notara el miedo. Que, hambrienta también de educación, decidió formarse a sí misma. Que, con diecisiete años, entró a trabajar para Neville, quien le dictaba las obras de un tirón, sin chuleta ni notas, mientras ella las taquigrafiaba llena de asombro. Isabel era una mujer de carácter, muy divertida, que lo anotaba todo para que no se le olvidara a nadie, y que contaba las anécdotas más delirantes del mundo. En una de ellas alguien acababa llamando al técnico porque el ordenador perdía agua. No sé si me explico.

Isabel me enseñó la casa, amable y orgullosa: el escritorio de Antonio, las mil plumas de Antonio, los dibujos de Antonio, las pinturas de Antonio —que aún olían a fresco—, la biblioteca de Antonio, nutrida, rebosante. Yo sacaba libros al azar en mitad del paseo (en esa casa se paseaba) y ojeaba las páginas como si escondieran secretos. Algunos estaban anotados con la letra dibujada del maestro, a quien Isabel llamaba Totón. Me encontré con una edición que llevaba años buscando, la que Galaxia Gutenberg dedicó a *El diccionario del diablo* de Ambrose Bierce en 2005, la más cuidada y completa. Si las habituales recogen novecientas noventa y ocho voces escritas entre 1881 y 1906, la de Galaxia Gutenberg reúne —después de enredar en

7

algunos sótanos— casi el doble. Descatalogada ya, no estaba siquiera disponible en ese mercado negro que pone la mercancía a doscientos euros y luego ya veremos.

Bierce, que también escribía de soldados (y, por tanto, de fantasmas), alcanzó con Lucifer la cima de la literatura satírica, así que Isabel era dueña de una edición singular de la que podría disfrutar mucho. Leímos algunas definiciones. «Ambición: deseo de ser calumniado por los enemigos en vida y ridiculizado por los amigos después de la muerte». «Hipócrita: quien, profesando virtudes que no respeta, se asegura la ventaja de parecer lo que desprecia». Ni corta ni perezosa, me regaló el libro. En el acto. El lector podrá imaginar la escena. Que de ninguna manera. Que sí. Que de ningún modo. Que es tuyo. Que no lo es. Que sí. Que quiero que lo tengas tú. No puedo… Ganó ella, claro. (Gané yo). ¿Les he contado cómo se recibía en aquella casa? Llegué a la mía colmado de lomo al ajillo y de historias del Madrid de los cincuenta, entre la posguerra y López Rodó, con una edición singular de la obra de un escritor que había pertenecido a un artista que me había regalado, sin querer, un libro.

El resto sucedió sin gobierno. Me puse a juguetear con las palabras. Con algunas, se entiende. Por hacer ejercicio. Balbuceo. Decepción. Sueño. Imaginaba para ellas un significado nuevo: ¿qué es la tradición sino el júbilo cleptómano de abrazar la inercia y subirse a hombros de los mejores para saber qué se ve desde allí? Quizá tuviera gracia emborronar con quince o veinte voces algún cuaderno viejo, de cuando en vez. O lanzar salvas por Twitter, en los huecos improbables entre linchamiento y linchamiento. Héroe. Priapismo. Ingenio. Encontrar un puñado de lectores que quisiera dar la vuelta a la manzana o tropezar en un escalón con alguna definición curva, mordisquear algún término atrapado entre los dientes. Armario. Gaitero. Muerte. Y en eso llegó Fidel. Y mandó a parar. Juan Gómez-Jurado —exitoso escritor de éxito— le echó un ojo al juguete y se lo envió, como hace él estas cosas (sin pedir

9

permiso), al director de *ABC*, donde uno había publicado ya cuatro o cinco Terceras sin que se le notara mucho. Así que, no sé muy bien cómo, llegó la sección diaria. Y con ella su bautizo. Y el logo de Jorge G. Navarro, lleno de ramas y letras. Y la ubicación, entonces, al oeste de Ruiz-Quintano, al sur de todo. Donde acababan las letras. Donde empezaba la mesa.

Verbolario arrancó hace dos mil quinientos días, el 1 de agosto de 2015, en ese mes perfecto en que nadie mira. Definiendo «alergia», porque sí: «conjunto de fenómenos de carácter respiratorio, nervioso o eruptivo, provocados por la opinión ajena». Desde entonces le ha robado dos mil quinientas palabras a la RAE y dos mil quinientas jornadas al calendario, dos mil quinientos días de darle a la tuerca. De parar un segundo el segundero. De que salga el sol por Antequera. De poner cada día un huevo.

El día en que Isabel —a quien tanto echo de menos— me invitó a su casa, llevé jamón del bueno. Y una botella de Pago de Carraovejas que me habían recomendado (de vino tampoco sé nada). Tomé un gazpacho cremosísimo de tomate y ambrosía. Y ese lomo al ajillo que alguien acababa de invocar en nuestro plano para preludiar un postre que no preludiaba nada, si nada cabía tras él, pura miel, sin llevarla. Dediqué un par de días a digerir la comida. Y otro par a digerir el resto.

Por eso, tirando, tirando, pienso que si *Verbolario* existe es por culpa de Mingote, a quien nunca conocí. Lo que tiene algún sentido, si se piensa. Salvo que nada lo tiene.

11

—Rodrigo Cortés

Verbolario
MANUAL DE USO

Querría el autor, en su inopia, que el amable lector atravesara este libro partiendo de su cabo exacto hasta morir en el rabo, de la A a la Z, sin saltarse siquiera la Ñ, que sobra en tantas lenguas. El autor querría muchas cosas. El autor vive persuadido de que cada definición encierra un mundo pequeño y el orden alfabético propiciará, sumándolos todos, una cosmogonía incierta que en realidad no existe o que sólo existe en su cabeza, o que existe sólo porque la imagina y con ello, haciendo como que existe, existe. Los autores son así. El autor, que sabe que el amable lector hará lo que le dé la gana, ha intentado aun así anticipar cierto ritmo, cuidarse de repetir armaduras o disposiciones o sonidos colindantes, por si algún completista cruzado de síndromes decidiera ir tachando cada acepción de una en una en busca de la última pantalla: el mono gigante que, con su muerte, alarga la vida del héroe.

El autor en realidad no cree que haya una forma buena de hacer nada, pero se asegura —o eso piensa— de que, si alguien decide seguir sus pasos, no pisará muchas piedras y la lectura le resultará placentera.

El amable lector, por su lado, preferirá picotear, saltar de aquí allá, abrir al azar el libro y rescatar de él dos intuiciones, tres fogonazos, antes de barajarlo de nuevo, como si fuera el *I Ching* (que es lo que todo diccionario es: un libro oráculo). El lector cerrará los ojos, y la magia y la pereza, que son sinónimos, mejorarán todo orden, y aún más el alfabético, que nunca ha ordenado nada. Querrá así el lector saltar de «apego» a «jarana», de «universidad» a «poseer», de «zumba» a «narcisismo», inventar conexiones nuevas, reestructurar la galaxia, que en realidad lleva de reforma —incapaz de estarse quieta— desde el Big Bang mismo. Las ventajas del zapeo son claras y no es preciso, por tanto, señalarlas. La ruta del borracho gana siempre a la visita guiada. Y es más corta.

Todo plan será frustrado. El del autor y los otros. Un grupo de escaladores se asegurará de fotografiarlo todo, y otro se propondrá hacerlo, pero cambiará de estilo a medio ascenso. Habrá quien juegue a hacer fintas, inicialmente escéptico, pero se detenga en un mirador a contemplar el paisaje porque sí, que es la mejor de las razones; y seguirá luego su

14

camino —esta vez en línea recta—, o lo empezará de nuevo. Habrá quien se encomiende al pulgar para detener las hojas; habrá quien, con vocación de contable —o con la disciplina del niño—, se guarde un par de letras para cada noche mientras remata a la vez una biografía, una novela de amores, un ensayo de los que los suplementos culturales amparan y que a veces uno se lee hasta casi la mitad (en la mesilla de noche siempre hay sitio y, si cabe un vaso, cabe otro libro).

Podría también suceder que el lector hubiera comprado el libro para regalo, y allá penas.

O que lo hubiera adquirido por error.

O por si acaso.

De esta suerte el autor entiende que la única forma correcta de abordar un libro así es, en realidad, doble: haber pagado por él o asegurarse de que alguien obsequioso lo haya hecho antes.

Al autor le valen las dos formas.

A, *f.* Primera letra del alfabeto y última de «primera».

Abandono, *m.* Forma particular de desgarro para la que no hay aguja, hilo ni tiempo.

Abarcar, *v. tr.* Abrazar con malas intenciones.

Abismo, *m.* Distancia que separa el suelo del cielo.

Abonar, *v. tr.* Dar de merendar al desierto. // 2. Satisfacer el delito, falta o yerro por medio de la correspondiente pena.

Aborrecer, *v. tr.* Odiar minuciosamente.

Abrazo, *m.* Configuración o estado natural del político en campaña.

Abrefácil, *m.* Que no abre fácil. // 2. Que ojalá abriera fácil. // 3. Que con una buena piedra quizá abriría fácil.

Abrigo, *m.* Prenda confeccionada con piel de oveja, si es para personas, y roca quebrada, si es para ovejas.

Absceso, *m.* Pretensión llena de pus.

Absolutismo, *m.* Sistema de gobierno basado en la impaciencia.

Abstención, *f.* Acto mediante el cual el ciudadano llamado a resolver un asunto se aparta por decoro, higiene o simple agotamiento. // 2. Hastío de cliente. // 3. Voto en negro.

Abulia, *f.* Ausencia de amor propio. // 2. Proyección a escala de la muerte.

Abúlico, *adj.* Aburrido de sí mismo (a menudo con razón).

Abuso, *m.* Favor no solicitado.

Abrigo, *m.*
Prenda confeccionada con piel
de oveja, si es para personas, y roca
quebrada, si es para ovejas.

Abyección, *f.* Costumbre burguesa a la que le da la luz.

Acatamiento, *m.* Acto voluntario que responde a la voluntad de otro.

Acechador, *adj.* Cazador que no olvida que alguien lo acecha a él.

Acechar, *v. tr.* Aguardar sin llamar la atención.

Aceituna, *f.* Fruto del olivo que se echa en las ensaladas, y equivale, si es con hueso, a las pausas publicitarias.

Aceptación, *f.* Antónimo de resignación. // 2. Modo que la tristeza tiene de comprender. // 3. Mezcla inestable de entendimiento y renuncia.

Aceptar, *v. tr.* Recelar.

Acertar, *v. tr.* Hacer lo que hay que hacer aunque no apetezca hacerlo.

// 2. Errar tarde o temprano. // 3. Equivocarse con suerte. // 4. Fallar adrede.

Aclaración, *f.* Acto en esencia inútil, a menudo contrarrestado por la aclaración de otro.

Acompañante, *adj.* Pianista de bar. // 2. Persona que sujeta el plano en el coche.

Acomplejado, *adj.* Futuro supervillano. // 2. Que, por creerse poca cosa, acaba siéndolo.

Aconsejar, *v. tr.* Dar permiso. // 2. Hacerse responsable de la irresponsabilidad ajena.

Acordeón, *m.* Amante intermitente de la dieta.

Acostumbrarse, *v. prnl.* Sufrir cada vez menos. // 2. Llevar cada vez mejor el mismo sufrimiento.

Actualidad, *f.* Combate a vida o muerte entre el periodista y el político.

21

Actualizar, *v. tr.* Ponerle otro número a lo mismo.

Actuar, *v. intr.* Hacer. // 2. Hacer de.

Acuciante, *adj.* Que es para tomar aquí mismo, no para llevar.

Acúfeno, *m.* Sonido que hace el cerebro al perder aire.

Adanista, *adj.* Con mejores intenciones que memoria.

Adaptador, *m.* Mecanismo eléctrico que la naturaleza coloca entre el raciocinio y la realidad para evitarle a aquel el espanto de esta.

Adicción, *f.* Afición de la buena.

Adivinar, *v. tr.* Dar palos de ciego y atinar. // 2. Equivocarse en la dirección más placentera.

Adivino, *m.* Observador atento del presente.

Adjetivo, *m.* Apellido que determina la estirpe del sustantivo.

Admiración, *f.* Caricia que a menudo degenera en desprecio.

Admirador, *adj.* Espejo defectuoso que refleja la imagen de otro con varios días de retraso.

Admisión, *f.* Discurso embrollado del niño que se rinde.

Admitir, *v. tr.* Dimitir.

Adoctrinar, *v. tr.* Educar de más.

Adolescencia, *f.* Revancha contra la infancia.

Adulador, *adj.* Pedigüeño con facilidad para el adjetivo. // 2. Especie particular de cuervo que arranca los ojos a los vivos.

Adular, *v. tr.* Cebar al enemigo con cerveza y hierba fresca.

Adversidad, *f.* Sala de pesas del alma. // 2. Oportunidad del ser humano para probarse a sí mismo.

Afeitarse, *v. prnl.* Levantar el secreto de sumario al propio rostro.

Afiliado, *adj.* Fan.

Afligido, *adj.* Triste, pero no tanto como para hacer algo al respecto.

Afonía, *f.* Bendición para el espíritu. // 2. Tortura para el informado. // 3. Regalo para el pueblo.

Aforamiento, *m.* Estado de resistencia, natural o adquirida, que poseen ciertos parlamentarios frente a algunos patógenos.

Afroamericano, *m.* Bastante negro.

Agonizar, *v. intr.* Entrar en el período de descuento.

Agradable, *adj.* Que habla en voz baja. // 2. Que no habla. // 3. Que no nos habla.

Agradecer, *v. tr.* Dar la enhorabuena a los miembros del jurado por su criterio.

Agradecimiento, *m.* Inventario de nombres con que se recoge un premio (ampliado al día siguiente en nota aparte, por los olvidos).

Agravio, *m.* Descripción honesta que de nosotros hace un amigo.

Agredir, *v. tr.* Acertar sin venir a cuento.

Agresividad, *f.* Pasividad ofendida.

Ahogarse, *v. prnl.* Rendirse.

Ahondamiento, *m.* Recurso del idiota cuando toca fondo.

Ambición, *f.*
Trampolín para suicidas.

Ahuyentar, *v. tr.* Revelar una verdad o solicitar un sacrificio.

Ajedrez, *m.* Juego que consiste en apretar las sienes mientras pasa el tiempo.

Alambique, *m.* Ordalía que vive el ser humano para destilar una gota de verdad.

Alarma, *f.* Mecanismo, ruido o señal con que se aparenta despertar a alguien para que pueda seguir dormido. // 2. Alarido que inaugura la mañana.

Albedrío, *m.* Pavor ante el lienzo en blanco.

Aleccionar, *v. tr.* Dar una lección sin haberla aprendido antes.

Alegoría, *f.* Literalidad desviada un grado.

Alergia, *f.* Conjunto de fenómenos de carácter respiratorio, nervioso o eruptivo, provocados por la opinión ajena.

Alerta, *f.* Estado del hombre consciente. // 2. Condición temporal del inconsciente cuando algo teme.

Alertar, *v. tr.* Aclarar a voz en grito.

Algoritmo, *m.* Coartada del negligente.

Alianza, *f.* Pacto fugaz entre enemigos.

Alienado, *adj.* Que vive a las afueras de sí mismo.

Alienígena, *adj.* De otra aldea. // 2. De otro tiempo.

Alimento, *m.* Futura turgencia del cuerpo.

Alivio, *m.* Entusiasmo del melancólico. // 2. Placer que queda en el aire cuando una bala pasa de largo.

Alma, *f.* Retiro del imperturbable. // 2. Ciudad en perpetuo estado de sitio.

Almibarar, *v. tr.* Cubrir una perversión con azúcar para hacerla indetectable al paladar.

Almuerzo, *m.* Cena tempranera.

Altavoz, *m.* Amplificador de la opinión. // 2. Caja torácica del micrófono.

Altibajo, *m.* De estatura normal. // 2. Vaivén.

Altivo, *adj.* Almidonado.

Alzacuellos, *m.* Mermacuellos.

Amar, *v. intr.* Odiar sin mirar. // 2. Querer, pero para algo. // 3. Dotar de belleza al feo amado.

Amargura, *f.* Estado de la conciencia bien lavada y mal aclarada.

Ambición, *f.* Trampolín para suicidas.

Ambicioso, *adj.* Alpinista en busca del buen tiempo.

Amanecer, *m.* Final del final del día.

Amenaza, *f.* Silogismo acechante que busca orientar una actuación.

Amenazar, *v. tr.* Convencer con una sonrisa más amplia de la cuenta.

Amigo, *m.* Relojero de confianza, más útil para dar cuerda que para poner en hora.

Amistad, *f.* Afecto desinteresado que es eterno o es apego.

Amor, *m.* Cordialidad fuera de control. // 2. Antónimo de «muerte».

Anacoreta, *m.* Tímido de barba larga entregado a la abstracción.

Analfabeto, *adj.* Que lee entre líneas.

Analista, *m.* Experto a posteriori. // 2. Quien observa la guerra desde el palco y baja a contar los muertos.

Anciano, *m.* Niño de vuelta. // 2. Extranjero en el presente.

Anécdota, *f.* Historia breve y graciosa que el entrevistador suele demandar para evitar hacer su trabajo.

Angustia, *f.* Intuición de no estar completo.

Angustiado, *adj.* Con talento para el pronóstico.

Anhelo, *m.* Futura nostalgia.

Animal, *m.* Planta extremadamente compleja.

Ánimo, *m.* Optimismo trabajado.

Animosidad, *f.* Fábrica de hielo.

Anomalía, *f.* Comportamiento esperable de la materia.

Ansiar, *v. tr.* Imaginar con precisión y fuerza.

Ansiedad, *f.* Exceso de anticipación.

Anteayer, *adv.* Último día —con suerte— del que uno recuerda el menú.

Antes, *adv.* País inexistente. // 2. Arcadia anhelada.

Antialgo, *adj.* Algo.

Antifascista, *m.* Exaltado que presume de tranquilo.

Antigüedad, *f.* Vejez noble o suficiente, según.

Antimateria, *f.* Sustancia de la que se hacen las deudas.

Antipatía, *f.* Sentimiento que inspira el amigo de un amigo. // 2. Campo de fuerza. // 3. Coartada difusa.

27

Árbol, *m.*
Bonsái enorme.

Antojo, *m.* Amor a primera vista.

Antropofagia, *f.* Gusto al que uno empieza a aficionarse comiéndose las uñas.

Antropófago, *m.* Con antojo por lo similar y desdén por lo diferente.

Apadrinar, *v. tr.* Hacerse cargo de los pecados de otro.

Aparcamiento, *m.* Escuela infantil para coches.

Apariencia, *f.* Disfraz de temporada. // 2. Mentira que, por parecerse a la verdad, acaba por ser suficiente.

Apego, *m.* Amor entre escépticos.

Apellido, *m.* Matrícula del ciudadano. // 2. Sello de ganadería.

Apestar, *v. intr.* Hacer por que huela mal otro.

Apicultor, *m.* Profesional dedicado a las abejas que basa el diseño de su traje en recuerdos muy concretos.

Apisonadora, *f.* Cilindro grande y pesado impulsado por la mayoría.

Apocalipsis, *m.* Problema convencional. // 2. Siesta después de la siesta. // 3. Resultado al descanso.

Apocarse, *v. prnl.* Apocoparse. // 2. Ceder el paso a los indignos y a los altos.

Aportación, *f.* Intento de firmar el trabajo de otro.

Apostatar, *v. intr.* Arrancarse el pasado de un tirón. // 2. Arrepentirse de las elecciones de los padres.

Apoyar, *v. tr.* Acatar.

Apreciar, *v. tr.* Querer sin desear. // 2. Amar con reservas.

Aprehender, *v. tr.* Tomar, pero sin robar.

Aprender, *v. tr.* Ascender en espiral. // 2. Caminar con los ojos abiertos.

Aprovechamiento, *m.* Milagro de las madres cabales al multiplicar en la cena los pocos panes y peces que hayan sobrado del almuerzo.

Aprovechar, *v. tr.* Rebañar. // 2. Llegar cuando se ha ido el vigilante.

Aquelarre, *m.* Reunión de asesores.

Arbitrar, *v. intr.* Olvidar a los litigantes para recordar la causa sólo.

Arbitrariedad, *f.* Decisión tomada por muchas razones; por ejemplo, porque sí.

Árbitro, *m.* Profesional que se impone como meta repartir con simetría sus errores.

Árbol, *m.* Bonsái enorme.

Arcadio, *adj.* Natural de Dinamarca o, en su defecto, de esa entelequia llamada «los países de nuestro entorno».

Arder, *v. intr.* Darse un baño en las redes sociales.

Argumento, *m.* Historia basada en otra historia. // 2. Racionalización a posteriori.

Aristócrata, *m.* Nieto único.

Armario, *m.* Mueble estrecho, habitualmente de madera, usado para guardar la ropa y los secretos a voces.

Armisticio, *m.* Aplazamiento.

Armonizar, *v. tr.* Subir y subir (y subir).

Arquetipo, *m.* Plantilla de uso obligatorio para componer un relato o reescribir la historia.

Arrepentimiento, *m.* Resaca del pecador.

Arrepentirse, *v. prnl.* Darse un palmetazo en la frente cuando ya ha pasado lo bueno.

Artificial, *adj.* Constituido de elementos naturales.

Ascender, *v. intr.* Dar conciencia a lo primitivo.

Ascensión, *f.* Exaltación gaseosa. // 2. Billete de ida.

Ascenso, *m.* Premio que a veces recibe quien aprende a callar lo que piensa.

Ascensor, *m.* Habitáculo en forma de caja que también desciende.

Ascensorista, *m.* Oficio que, en bancos y hoteles, presenta hoy más bajos que altos.

Asentimiento, *m.* Gesto que se repite para hacer como que se entiende.

Asesinar, *v. tr.* Robarle a alguien su futuro.

Asesor, *m.* Adulador sobrepagado que explica lo que otro debería saber ya.

Asesorarse, *v. prnl.* Exigir consentimiento.

Asimilar, *v. tr.* Procesar la derrota. // 2. Digerir el éxito.

Asombrarse, *v. prnl.* Entender tarde.

Aspiración, *f.* Reverso calmado de la ambición.

Astenia, *f.* Síndrome de quien arrastra el horizonte entero.

Astilla, *f.* Trozo de realidad clavado en la fantasía (y al revés).

Astucia, *f.* Inteligencia del débil. // 2. Intuición afilada más relacionada con el autocontrol que con la aptitud.

Adivino, *m.*
Observador atento del presente.

Astuto, *adj.* Que es capaz de esperar.

Asumir, *v. tr.* No contarse cuentos.

Asunción, *f.* Atajo del pensamiento.

Atajo, *m.* Desvío.

Atardecer, *m.* Amanecer del perezoso.

Atender, *v. intr.* No parpadear.

Ateo, *m.* Persona en general confiada que de cuando en cuando mira al cielo.

Atormentar, *v. tr.* Seguir echando agua sobre una esponja empapada.

Atractivo, *adj.* Feo exitoso.

Atreverse, *prnl.* Renunciar a evaluar algo con detenimiento.

Aturdimiento, *m.* Estado natural de la conciencia.

Aullar, *v. intr.* Demandar aprobación.

Aullido, *m.* Verdad comprendida al despertar.

Aumentativo, *adj.* Dicho de un sufijo: Que compensa un complejo.

Autoanálisis, *m.* Juicio provechoso que se le exige a los demás.

Autobiografía, *f.* Ficción vagamente introspectiva. // 2. Hagiografía.

Autocensurarse, *v. prnl.* Dejarse barba.

Autocompadecerse, *v. prnl.* Sentir gozosa lástima por uno mismo. // 2. Ponerse a merced del viento.

Autocompasión, *f.* Forma de alimento tan satisfactoria que permite, pero también exige, la vida en soledad. // 2. Hija favorita de la autoindulgencia.

Autocomplacencia, *f.* Flaqueza del tonto.

Autocontrol, *m.* Capacidad —que sólo unos pocos tienen— de no hacer nada.

Autocorrector, *m.* Cuchillo de doble filo, muy peligroso en manos de un mono. // 2. Subterfugio del analfabeto satisfecho.

Autocrítica, *f.* Juicio interior que tiene por fin avergonzar a alguien. // 2. Examen *post mortem*. // 3. Reseña de cinco estrellas que se hace uno a sí mismo. // 4. Acto de contrición que busca echarle la culpa a otro. // 5. Lo que el periodista —que raramente la ejerce— le exige al político.

Autodestruirse, *v. prnl.* Darse pena.

Autodidacta, *adj.* Pobre con iniciativa.

Autodisciplina, *f.* Única forma real de disciplina. // 2. Privilegio del exigente.

Autoengaño, *m.* Mentira agradable que viene en dos sabores: efímera y perpetua.

Autoimagen, *f.* Sustituto rutilante de la identidad. // 2. Poema que alguien escribió sobre sí mismo confundiéndolo con su verdad en prosa.

Autoindulgencia, *f.* Fuente inagotable de debilidad.

Autorregularse, *v. prnl.* Verle las orejas al lobo.

Autorretrato, *m.* Espejo de óleo.

Avanzar, *v. intr.* Renunciar a la queja.

Avaricia, *f.* Aflicción que convierte la riqueza en pobreza.

34

Aventura, *f.* Paseo largo.

Avergonzar, *v. tr.* Señalarle a alguien una parte del cuerpo.

Avestruz, *m.* Ave que, en la oscuridad, lo ve mejor todo.

Avión, *m.* Tren sostenido en el aire por la fe del viajero.

Aviso, *m.* Segundo rayo que cae junto al pie.

Ayuda, *f.* Obstáculo bien situado.

Ayuno, *m.* Período que precede al desayuno y sucede a la cena. // 2. Ascetismo del soltero.

Azar, *m.* Retribución de una acción. // 2. Nombre que recibe la causa de una mala consecuencia.

Azúcar, *m. o f.* Sustancia de sabor dulce con que se espolvorea la información para arruinar sus propiedades y hacerla, a cambio, pasadera.

Azulejo, *m.* Papel de pared para piscinas.

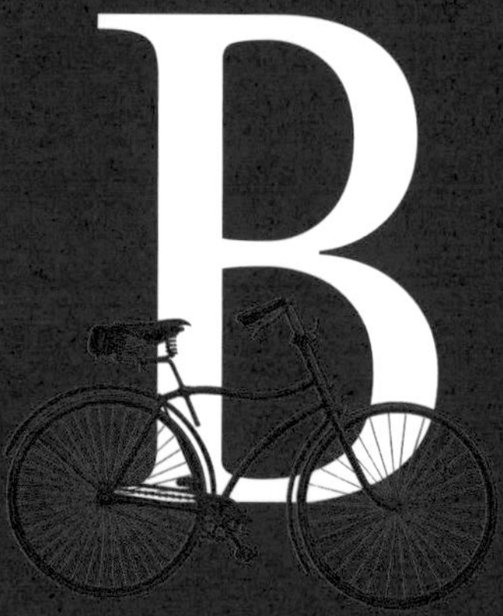
B

Babosa, *f.* Caracol desahuciado.

Bacanal, *f.* Consejo de ministros.

Bache, *m.* Realidad agazapada.

Báculo, *m.* Símbolo de mando y rectitud que tiende a doblarse con el uso. // 2. Recordatorio de la integridad y el poder interno.

Bailar, *v. intr.* Llamar la atención de forma coordinada.

Balbuceo, *m.* Sonido que hace quien habla claro pero no es de nuestro agrado.

Balde, *m.* Barreño gratis.

Banco, *m.* Entidad financiera que pone el dinero de los clientes a salvo de los clientes.

Banquete, *m.* Creación artística rica en matices.

Barba, *f.* Pelo que, en Navidad, nace en los extremos de una goma elástica.

Barbarie, *f.* Lugar al que conduce el exceso de civilización.

Barroco, *m.* Estilo de ornamentación basado en el exceso de colorete.

Bastantes, *pron.* Casi ninguno.

Bastón, *m.* Brazo largo del anciano.

Batería, *f.* Acumulador —o conjunto de acumuladores— de fuerza de voluntad.

Batuta, *f.* Varita capaz de invocar la más elevada clase de magia.

Beatitud, *f.* Resultado de aspirar a que las cosas se produzcan no como uno desearía, sino como se producen.

Beato, *m.* Vicioso sin empuje.

Bebé, *m.* Cruce casi inexplicable entre francés y cigüeña.

Beber, *v. intr.* Comer rápido.

Becario, *m.* Futuro falso autónomo.

Bendición, *f.* Resultado insospechado de la admisión de un error.

Beneficiar, *v. tr.* Hacerle bien a uno para perjudicar a otro.

Biblioteca, *f.* Jaula de musas.

Bicicleta, *f.* Vehículo de tres ruedas muy mal hecho.

Bidé, *m.* Mueble de porcelana que se coloca en el cuarto de baño para compilar revistas y apoyar la ropa doblada.

Bigamia, *f.* Soledad tumultuosa.

Bikini, *m.* Prenda de dos piezas que deja al socorrista de una.

Billete, *m.* Trampantojo del oro.

Biografía, *f.* Ficción heroica o injuriosa con coartada moral.

Bisexualidad, *f.* Indecisión afectiva.

Bizcochable, *adj.* Fácil de convencer.

Bizquear, *v. intr.* Servir a dos amos.

Boca, *f.* Extremo bueno del aparato digestivo.

Bocazas, *m.* Sueltito de sinceridad. // 2. Portavoz en un día bueno.

Boicot, *m.* Acción que se dirige contra alguien para convertir sus actos en consecuencias.

Bombilla, *f.* Idea envasada al vacío.

38

Bonsái, *m.* Árbol perfectamente normal cuyo entorno no para de hincharse.

Borroso, *adj.* Bien enfocado, pero inesperado.

Boxeador, *m.* Pendenciero con causa y horario.

Brazo, *m.* Pierna adaptada a la guitarra.

Brillantez, *f.* Capacidad infinita de tomarse molestias.

Bruxismo, *m.* Talón de Aquiles del gobernante de piel fina.

Bucear, *v. intr.* Sobrevolar el fondo marino.

Bulo, *m.* Mentira evidente que, por distintas razones, apetece dar por cierta.

Bumerán, *m.* Palo pródigo. // 2. Juicio emitido desde la inmoralidad o desde la más pura inconsciencia. // 3. Arma infectada de nostalgia.

Burócrata, *m.* Que para existir estorba.

Cabalgar, *v. intr.* Montar una contradicción hasta que la contradicción clava las manos o simplemente se desploma.

Cabecilla, *m.* Tonto que acaba a empujones en la cabecera de la manifestación. // 2. Quien, por estar rodeado de tontos, se cree listo.

Cabellera, *f.* Peluca aún chorreante.

Cable, *m.* Cabo que a veces se echa a quien se mete en un jardín o cae en un charco.

Cacareo, *m.* Perorata del inconsciente.

Cadáver, *m.* Persona viva corta de retos.

Calar, *v. tr.* Echar raíces en el inconsciente.

Calefacción, *f.* Abrigo que procuran los libros cuando arden y cuando no arden.

Callar, *v. intr.* Decidir callar. // 2. Aplazar un desencuentro. // 3. Seguir siendo interesante. // 4. Predicar en el desierto. // 5. Evitar males mayores. // 6. Hablar y hablar, pero por dentro.

Calle, *f.* Travesía entre viviendas con función de capilar y sensibilidad de nervio.

Callista, *m.* Manicuro sin puntería. // 2. Persona que se dedica a extirpar callos (y uñeros, y otras dolencias del pie) en silencio.

Calma, *f.* Primer síntoma de la mala comprensión de un problema.

Calmado, *adj.* Que aún no sabe que está en peligro.

Calor, *m.* Sensación física de duración variable que tiene como único objeto hacer añorar el frío.

Calumniar, *v. tr.* Verter la propia mugre sobre la imagen de otro.

Calvo, *adj.* Siempre peinado.

Cama, *f.* Claustro materno con almohada y manta.

Cambiar, *v. intr.* Escarmentar. // 2. Desprenderse de lo que uno creía que era.

Camello, *m.* Chamán de ciudad.

Caminar, *v. intr.* Volar con prudencia.

Campaña, *f.* Período anterior a las elecciones en que los milagros son posibles y el horizonte se toca con los dedos.

Campeón, *f.* Perdedor pendiente de confirmación. // 2. Héroe inmaterial rodeado de bienes tangibles.

// 3. Deportista con los brazos en alto. // 4. Peana orgánica para trofeos cruzada por una sonrisa.

Cáncer, *m.* Resultado de que una célula se considere maltratada, poco reconocida o mucho mejor que otras.

Candidato, *m.* Junco que se muda a todos los vientos, sin peso, sin virtud, sin firmeza, sin estabilidad y sin ninguna manera de ser concreta.

Candor, *m.* Cualidad adaptativa que desarrolla quien acostumbra a no hacer nada.

Canelón, *m.* Bajante de pasta.

Cano, *adj.* Desteñido.

Cantimplora, *f.* Manantial inalámbrico.

Canto, *m.* Fenómeno vibratorio que,

acompañado del éxito, consigue abrir las alcobas y desordenar la ropa.

Caos, *m.* Orden en perpetuo movimiento.

Capa, *f.* Remate ondulante del hombre empoderado.

Caqui, *m.* Fruta dulce y carnosa que no es, ni por aproximación, de color caqui.

Carácter, *m.* Programa preinstalado en el cerebro.

Caramelo, *m.* Golosina que, por su color y gusto, permite el paso de cualquier infundio. // 2. Mentira azucarada envuelta en polipropileno.

Carbón, *m.* Sustancia fósil que, en Groenlandia, Rusia y otros países fríos, recompensa el comportamiento de los niños buenos.

Cárcel, *f.* Hotel de horarios severos.

Carencia, *f.* Exceso de algo.

Caricatura, *f.* Visión realista del alma.

Carnaval, *m.* Cena de empresa. // 2. Celebración del día a día. // 3. Carrerilla ruidosa hacia la Cuaresma.

Carnaza, *f.* Víctima generosa que ni sabe que es víctima ni sabe que es generosa.

Carnero, *m.* Animal que, al contrario que la oveja, se come el borde de la pizza.

Carnívoro, *adj.* Comedor de vegetarianos.

Carrete, *m.* Cuerda que se le da al recién llegado. // 2. Cuerda que se le da al jefe. // 3. Cuerda que se le da al hijo pródigo. // 4. Cuerda que se le da al hijo tonto.

Cazador, *m.*
Acechador en un buen día.

Castigador, *adj.* Portavoz parlamentario que suele dejar el escaño peor de como se lo encontró.

Catar, *v. tr.* Juzgar una película por sus primeros cinco minutos.

Catástrofe, *f.* Daño acompañado de música y filmado con varias cámaras.

Causa, *f.* Semilla del mismo color que sus consecuencias.

Causalidad, *f.* Casualidad con sentido.

Causante, *adj.* Antepasado. // 2. Promotor. // 3. Padre.

Cautela, *f.* Inteligencia tímida, pero aguda.

Cautivo, *adj.* Que es incapaz de controlar su atención.

Caverna, *f.* Sala de proyección en la antigua Grecia.

Cazador, *m.* Acechador en un buen día.

Cazadora, *f.* Manta con mangas.

Cecina, *f.* Carne abandonada.

Cegarse, *v. prnl.* Ver lo que no hay. // 2. Mirarse.

Celebrar, *v. tr.* Adorar al Niño con la boca llena. // 2. Atribuirse el mérito del demérito de otro.

Célibe, *adj.* Que, aun siendo creyente, no es practicante.

Célula, *f.* Unidad fundamental de la vida orgánica, formada por un núcleo, un citoplasma y, en las grandes urbes, cocina pegada al baño.

Cementerio, *m.* Museo donde se expone el agotamiento.

Censor, *adj.* Que opina sobre quien opina.

Censura, *f.* Crítica constructiva sin derecho a réplica.

Cerebro, *m.* Centro nervioso propio de los vertebrados, cruzado de luces y sombras. // 2. Órgano con forma de nuez (y, a menudo, de igual tamaño).

Certero, *adj.* Quien, ballesta en mano, prefiere la manzana a la cabeza.

Certeza, *f.* Suposición no sometida a revisión. // 2. Adhesión desesperada a un hecho interpretable.

Cesante, *adj.* Cargo —público o privado— sin más futuro que su pasado.

Cesar, *v. tr.* Despedir a un segundo para advertir de algo a un tercero.

Chaleco, *m.* Prenda inconclusa.

Champú, *m.* Gel de baño corriente en cuyo frasco pone «champú».

Chancleta, *f.* Calzado menesteroso con que el pie humano involuciona a garra.

Chasco, *m.* Sorpresa ante la validación de la experiencia.

Chicle, *m.* Material del que están hechos los suelos.

Chillido, *m.* Réplica de gran agudeza.

Chimenea, *f.* Agujero abierto con un mazo para asegurar la provisión periódica de calor y regalos.

Chismoso, *adj.* Que murmura a gritos.

Chispa, *f.* Fuego deconstruido. // 2. Esencia interior a la espera de hierba seca.

Chiste, *m.* Paradoja con final feliz.

Chocante, *adj.* Seguramente cierto.

Chulazo, *m.* Artista recién salido de una máquina de rayos UVA.

Chupete, *m.* Pezón con asa.

Chusma, *f.* Entelequia que contradice nuestras opiniones. // 2. Gente, pero otra gente.

Cicatriz, *f.* Eco de la herida a modo de trofeo o advertencia.

Ciego, *adj.* Que ve lo que quiere ver. // 2. Tan dolido que sólo repara en su corazón roto.

Cielo, *m.* Donde acaba el cieno. // 2. Destino codiciado del viajero, con más reservas que plazas. // 3. Lugar al que se accede en vida o ya no se accede.

Ciencia, *f.* Magia de la mayoría. // 2. Magia medible. // 3. Magia probable.

Cierto, *adj.* Creíble.

Cigarrillo, *m.* Cilindro fino y alargado que succiona a quien lo sostiene.

Cima, *f.* Lugar inhabitable, pero libre, al menos, de inundaciones.

Cinismo, *m.* Pecado del joven. // 2. Maldición del viejo.

Cita, *f.* Repetición aproximada de lo que nunca se dijo sacada de contexto.

Ciudadano, *m.* Espectador.

Civilizado, *adj.* Domesticado.

Civismo, *m.* Vigilancia rigurosa de uno mismo. // 2. Miedo al destierro.

47

Clamar, *v. tr.* Reclamar con el viento en contra.

Clásico, *adj.* Que es moderno siempre.

Clasismo, *m.* Vértigo que sobreviene al mirar abajo de golpe.

Clavicordio, *m.* Instrumento musical que a veces araña el tímpano y a veces acaricia el intelecto.

Clon, *m.* Sonido que hace un ser idéntico a otro al tocar el suelo.

Clonar, *v. tr.* Clonar. // 2. Clonar.

Cloroformo, *m.* Discurso de aceptación. // 2. Último recurso del apocado. // 3. Salvación del necio.

Coágulo, *m.* Desconcierto temporal que puede llegar a atascar el flujo del pensamiento.

Coalición, *f.* Entente que a veces forma el presidente de una nación con su ministro de Hacienda.

Cobardía, *f.* Sentido común del enemigo. // 2. Cesión desinteresada del turno ante el cuchillo, la piedra o el fuego.

Cocción, *f.* Forma de guisar al rival, generalmente lenta, que algunos gobernantes dominan y otros descubren con el tiempo.

Cocinero, *m.* Estrella del rock que sabe hacer mayonesa.

Codicia, *f.* Hambre del ya saciado.

Código, *m.* Sistema de signos y reglas que oculta la banalidad de un texto.

Cogobernanza, *f.* Renuncia a asumir las responsabilidades que gobernar acarrea.

48

Coherencia, *f.* Arma lenta.

Coherente, *adj.* De poder callado y profundo.

Cojear, *v. intr.* Presumir de pierna.

Cojín, *m.* Mediador político entre la dureza del mundo y la propia.

Cojito, *adj.* Cojo de los buenos.

Colaboración, *m.* Ayuda que el sistema límbico interpreta como ataque.

Colecta, *f.* Extorsión irreprochable.

Colegio, *m.* Almacén de niños. // 2. Edificio construido en torno a la expectación.

Colesterol, *m.* Angelito que se sitúa sobre uno u otro hombro según sea malo o bueno.

Colocar, *v. tr.* Cambiar la posición de un hecho para evitar su digestión provechosa.

Color, *m.* Impresión en la retina del ojo del cristal con que se mira.

Columnismo, *m.* Disciplina del periodismo que divide a los autores en dóricos, jónicos y corintios.

Coma, *f.* Estado letárgico tendente a los puntos suspensivos.

Combustible, *m.* Poder interno.

Comedia, *f.* Drama visto desde lejos.

Comentarista, *m.* Especialista en mandar a otro a la guerra.

Comisión, *f.* Batida de caza. // 2. Forma que el banco tiene de recordarle al cliente para quién trabaja. // 3. Grupo de gente encargado de malograr una pesquisa.

49

Comodidad, *f.* Causa y garante de toda debilidad. // 2. Estado placentero del ánimo que preludia el ataque del enemigo. // 3. Sensación que en algún momento empezó a confundirse con la felicidad.

Compacto, *adj.* Resistente a la contradicción.

Compadecer, *v. tr.* Temer acabar sufriendo lo que otro sufre.

Compasión, *f.* Debilidad disfrazada de empatía. // 2. Virtud que, mal entendida, empieza por uno mismo. // 3. Pena que uno deposita en alguien hasta mejor uso. // 4. Peso colgado al cuello.

Compensar, *v. tr.* Igualar un daño con otro.

Competente, *adj.* Que sabe algo sobre todo y todo sobre algo.

Complaciente, *adj.* Dispuesto a cubrir las expectativas del primero que pasa.

Complejo, *m. Psicol.* Acierto en la autoevaluación.

Compostura, *f.* Resistencia a las óperas largas. // 2. Circunspección con que el maleante asombra al jurado.

Comprender, *v. tr.* Aceptar cambiar. // 2. Desenredar la madeja. // 3. Sentir frío al salir del agua. // 4. Pensar a la velocidad a la que se escucha.

Comprobar, *v. tr.* Opinar primero y acercarse a mirar luego.

Comprometerse, *v. prnl.* Dejarse como garantía a uno mismo.

Compromiso, *m.* Pacto hecho con desgana.

50

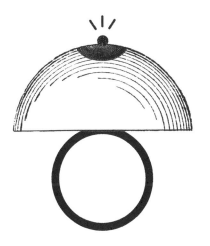

Chupete, *m.*
Pezón con asa.

Conceder, *v. tr.* Dar sin dar.

Concentrarse, *v. prnl.* Abstraerse.

Conchabe, *m.* Entendimiento amistoso entre generales que ven matarse a sus ejércitos.

Conciencia, *f.* Propiedad del espíritu humano de reconocerse en sus atributos esenciales y olvidar cuanto antes haberlo hecho. // 2. Rechazo natural que el cuentista siente por el cuento.

Concienciado, *adj.* Sin grandes problemas.

Concomitante, *adj.* Que vive en la puerta de al lado, en el piso de arriba o en la ventana de enfrente.

Conde, *m.* Que desciende de marqués. (Si sigue descendiendo, le toca ya vizconde).

Condena, *f.* Resultado de una ecuación simple cuando se ignora una variable.

Condenar, *v. tr.* Halagar a alguien sin descanso.

Condensación, *f.* Forma que encuentra el agua de atravesar los cuerpos sólidos.

Condimentar, *v. tr.* Conseguir que el orden de los factores altere el producto.

Condolerse, *v. prnl.* Sentir pena por alguien y asegurarse de que sea a él a quien le duela.

Condonación, *f.* Absolución. // 2. Amnistía con guiñito. // 3. Recompensa.

Conducta, *f.* Imitación atenta.

Confesión, *f.* Dietario olvidado sobre la mesa.

Confiable, *adj.* Sólido aun en su impredecibilidad. // 2. Callado.

Confiado, *adj.* Que saca la mano por la ventanilla. // 2. Que no saca la mano del fuego.

Confianza, *f.* Fe en la honradez de quien no parece honrado. // 2. Facultad que permite creer en lo que se sabe que no es cierto.

Confiar, *v. tr.* Desconfinar.

Confidente, *m.* Sincero a sueldo.

Confinar, *v. tr.* Desconfiar.

Confirmar, *v. tr.* Repetir con alivio lo que primero se dijo con miedo.

Confundido, *adj.* Que cree saber lo que está pasando.

Conjuro, *m.* Cualquier expresión cargada de significado.

Conocimiento, *m.* Saber que, si es profundo, conduce a la prudencia.

Conquistador, *m.* Solitario interrumpido. // 2. Padre insaciable. // 3. Hombre atractivo, pero no tanto como para gustar por la mañana.

Consecuente, *adj.* Que asume la responsabilidad de haber nacido.

Consejero, *m.* Ministro ascendido a asesor.

Consejo, *m.* Aquello que uno cree pedir cuando en realidad busca permiso.

Consentir, *v. tr.* Desistir de un beneficio a cambio de una promesa.

Conservar, *v. tr.* Memorizar.

Conspicuo, *adj.* Que, si fuera clavo, estaría mal clavado.

Cocinero, *m.*
Estrella del rock que sabe hacer mayonesa.

Consumo, *m.* Consunción.

Contagio, *m.* Imitación. // 2. Transmisión de una enfermedad por medio del razonamiento.

Contaminante, *adj.* Pegadizo.

Contenedor, *adj.* Que contiene. // 2. Que contiene basura, concretamente. // 3. Mueble urbano que arde mejor cuando lo quema un idiota.

Contexto, *m.* Entorno que tiñe el texto.

Contra–, *pref.* Denota la oposición de una cosa consigo misma.

Contrapeso, *m.* Lo que intenta impedir que el gobernante confunda el mundo con su apetito.

Controlar, *v. tr.* Soltar las riendas voluntariamente.

Convencer, *v. tr.* Manchar. // 2. Meter miedo. // 3. Agotar. // 4. Dar pena. // 5. Cebar un pavo.

Convencerse, *v. prnl.* Cerrar una maleta sentándose en ella.

Convencido, *adj.* Ciego.

Convencimiento, *m.* Idea infundada.

Conveniente, *adj.* Que apetece.

Conversación, *f.* Recitado con obstáculos.

Convicción, *f.* Virtud de quien es capaz de saltar sin piernas. // 2. Cartucho de información válido por un tiempo. // 3. Percepción elevada a la categoría de certeza.

Cooperar, *v. intr.* Obedecer muchos a uno solo.

Coordinar, *v. tr.* Unir dos o más gerencias para que la culpa sea de otro.

Corazón, *m.* Órgano al que, por su fragilidad extrema, las costillas protegen del enamoramiento.

Corazonada, *f.* Deseo luminoso que en nada se parece a la intuición.

Corbata, *f.* Regalo deprimente al padre que el niño renuncia a comprender. // 2. Dogal de seda.

Cordura, *f.* Represión de la opinión. // 2. Locura de quien no puede permitírsela. // 3. Demencia leve.

Coronel, *m.* General en prácticas.

Correctivo, *m.* Fracaso del civismo.

Correcto, *adj.* Que coincide con la propia opinión.

Corregir, *v. tr.* Deshacerse de las pruebas.

Correveidile, *m.* Cartero.

Corriente, *f.* Curso del agua en un sentido que permite al auténtico guerrero nadar en el contrario.

Cortesía, *f.* Compostura natural entre quienes aún están explorando sus puntos débiles.

Corto, *adj.* Cualidad de los días con pan.

Cortocircuito, *m.* Conflicto entre fantasías.

Cosita, *f.* Nombre que recibe la pieza que falta en la balda de la nevera.

Costumbre, *f.* Acto mecánico que el distraído toma a veces por voluntario. // 2. Apego al surco. // 3. Modo habitual de conducirse, más poderoso aún que el miedo.

Cotidiano, *adj.* Aburrido, no: lo anterior.

Cotilla, *m. y f.* Siempre pendiente del otro (y, por tanto, solidario).

Coronel, *m.*
General en prácticas.

Crear, *v. tr.* Recrear. // 2. Convertir el dolor en obra.

Credibilidad, *f.* Cualidad etérea del mentiroso que solidifica en el hombre honesto.

Credulidad, *f.* Adicción al azúcar.

Crédulo, *adj.* Idiota sin malicia.

Creencia, *f.* Teoría recta para una realidad sinuosa. // 2. Forma de confianza que protege al cerebro del pensamiento.

Creer, *v. intr.* Elegir la mejor verdad entre las diez o doce disponibles.

Crema, *f.* Miel para el rostro. // 2. Hidratante para pasteles.

Creyente, *m.* Ateo cuyo avión atraviesa una zona de turbulencias.

Criogenizar, *v. tr.* Poner la vida en *pause*. // 2. Inhumar en hielo.

Criogenizarse, *v. prnl.* Dejar que un retrato horrible envejezca en el desván.

Crispar, *v. tr.* Competir electoralmente.

Crítica, *m.* Opinión redondeada en un extremo y afilada en el otro para facilitar la inserción. // 2. Estimulación del contrario.

Crítico, *m.* Perito diestro en el alanceamiento de muertos.

Crucificar, *v. tr.* Definir. // 2. Clavar una libélula a un panel de corcho. // 3. Hacer un repaso general de las capacidades de alguien ausente.

Crucifixión, *f.* Amonestación aparatosa.

Cruzar, *v. tr.* Saltarse una línea invisible, a menudo para siempre.

Cualidad, *f.* Defecto superado.

Cuántica, *adj.* Ciencia según se mire.

Cuántico, *adj.* Relativo al agujero de la rosquilla.

Cuarentena, *f.* Aislamiento preventivo al que se somete a un grupo de ciudadanos para que pueda aplaudir desde el balcón o ver series.

Cuentacuentos, *m.* Individuo a la caza de una excusa.

Cuentagotas, *m.* Utensilio, generalmente de goma y cristal, que se usa mucho en la autocrítica y en el agradecimiento.

Cuerdo, *adj.* Loco que se sabe loco.

Cuerpo, *m.* Papel de estraza del alma.

Cuestación, *f.* Cosecha sin siembra.

Cuestionar, *v. tr.* Poner la opinión al trasluz. // 2. Evitar cuestionarse uno.

Culo, *m.* Lugar idóneo para guardar la gracia.

Culpable, *adj.* Inocente a quien el respetable decide condenar por su cuenta. // 2. Que, por ser en parte responsable de algo, prefiere incriminar a un inocente completo.

Cultura, *f.* Contracultura de la contracultura. // 2. Resultado de la imitación en cadena.

Cumpleaños, *m.* Conmemoración de un alta. // 2. Cuenta atrás hacia la muerte. // 3. Muesca alegre en la pared de la celda.

Curar, *v. tr.* Distraer la atención del paciente mientras su cuerpo se recompone solo.

D

Daga, *f.* Nombre que recibe en poesía el cuchillo de cortar el pan.

Dañino, *adj.* Beneficioso para alguien.

Debate, *m.* Soliloquio prorrateado. // 2. Forma particular de controversia; casi siempre —eliminados los detalles— entre la vida y la muerte.

Debatir, *v. tr.* Poner caras al escuchar.

Deber, *m.* Imposición que se hace uno a sí mismo.

Débil, *adj.* Sensible al halago.

Debutar, *v. intr.* Perder la virginidad.

Decepción, *f.* Consecuencia natural de la pereza. // 2. Confirmación de un presentimiento.

Declinante, *adj.* Hombre fértil, pero ensimismado.

Declinar, *v. tr.* Dejar pasar un privilegio por falta de concentración.

Declive, *m.* Montaña de la que sólo se desciende.

Decorado, *m.* Entorno de la persona adormecida que se sueña despierta.

Definición, *f.* Nitidez con que se perciben los detalles que no estaban.

Delegado, *m.* Emisario a punto de ser decapitado.

Deleite, *m.* Placer líquido.

Delgadez, *f.* Estética de la penuria.

Delgado, *adj.* Gordo a la espera de mejor momento.

Delicuescente, *adj.* Cualidad del gobernante que quiere seguir siéndolo.

Demagogia, *f.* Falsa obviedad. // 2. Hacha mellada. // 3. Instrumento de tortura.

61

Demagogo, *m.* Caudillo que guía al pueblo colocándose detrás de él. // 2. *adj.* Que presume de estar enfermo.

Demérito, *m.* Mérito de otro.

Democracia, *f.* Gobierno de la opinión. // 2. Tiranía del desinformado. // 3. Forma de gobierno en que el poder político es elegido por la audiencia. // 4. Apoteosis del descarte. // 5. Envidia igualitaria.

Democratizar, *v. tr.* Convertir algo en mediocre. // 2. Uniformar a martillazos lo heterogéneo.

Demoler, *v. tr.* Destruir para crear luego.

Demonizar, *v. tr.* Idealizar para mal.

Demoscopia, *f.* Conductismo. // 2. Deporte con aspecto de ciencia. // 3. Rama menor de la astrología. // 4. Estudio que confunde la verdad con la temperatura ambiente.

Demóscopo, *m.* Domador de números.

Denuncia, *f.* Queja lanzada al futuro para modificar el presente.

Depender, *v. intr.* Pender de un hilo.

Depredador, *adj.* Teleoperador a la hora de la cena.

Depresión, *f.* Sumisión. // 2. Síndrome caracterizado por el uso de gafas de sol de gran tamaño.

Depresivo, *adj.* Deprimente.

Deprimirse, *v. prnl.* Recordar.

Derecho, *m.* Prebenda, exención o fuero. // 2. Botín de guerra. // 3. Beneficio que se

reclama a cambio
de la propia vida.
// 4. Obligación, cuando
es de otro. // 5. Justicia
imaginada que, como
otras novedades, muta
cada temporada y
satisface sólo por un
tiempo.

Deriva, *f.* Inercia del
medroso.

Derrota, *f.* Futura
victoria.

Desabrido, *adj.* Corto
de sal.

Desacuerdo, *m.*
Disensión rubricada con
un apretón de manos.

Desafección, *f.*
Condición que sobreviene
cuando el afecto deja de
compensar el esfuerzo.

Desafío, *m.* Apuesta por la
apuesta.

Desamor, *m.* Resultado
de querer más y poder
menos.

Desarrollar, *v. tr.* Tirar
del hilo.

Desbarrar, *v. intr.*
Confundir cualquier
apetencia con un derecho
natural.

Descabello, *m.* Test de
antígenos.

Descambiar, *v. tr.*
Arrepentirse de la
generosidad de otro.

Descansar, *v. intr.*
Regresar de unas largas
vacaciones.

Descartar, *v. tr.* Elegir.

Descatalogado, *adj.* Que,
por no ser ya del interés
de nadie, será caro pronto.

Desconcertar, *v. tr.* Decir
la verdad sin avisar.

Desconfianza, *f.*
Confianza sólo en uno
mismo.

Desconfiar, *v. intr.*
Caminar mirando atrás.
// 2. Caminar estudiando el
suelo. // 3. Llevar la cuenta.

Demóscopo, *m.*
Domador de números.

Desconfinar, *v. tr.* Confiar.

Describir, *v. tr.* Encerrar en palabras.

Descuido, *m.* Error que conduce al lucro personal. // 2. Acto por el que, en ocasiones, se llega a devolver un libro.

Desdichado, *adj.* Condenado a vivir. // 2. Guardameta mal colocado.

Desear, *v. tr.* Imaginar con detalle. // 2. Viajar en el tiempo.

Desengaño, *m.* Constatación de una evidencia. // 2. Reacción de la tostadora cuando comprende que, si no congela, no es porque no quiera.

Deseo, *m.* Aspiración incompatible con la felicidad. // 2. Premisa de la que parte una encuesta.

Desequilibrio, *m.* Estado de la materia anterior al equilibrio (que es el estado anterior a un desequilibrio nuevo).

Desescalada, *f.* Caída por el otro lado de la pendiente.

Desestabilizar, *v. tr.* Darle una mala noticia a quien estaba cambiando una bombilla.

Desgastarse, *v. prnl.* Dedicar la mañana a injuriar a una piedra.

Desgraciado, *adj.* Que cree tener derecho a todo, pero tiene justo lo que merece.

Desguace, *m.* Lugar donde se desarman los principios y se ponen a la venta las piezas más útiles.

Deshollinador, *m.* Especialista en el estudio y tratamiento de las enfermedades mentales.

Deshonestidad, *f.* Mentira contada a uno mismo. // 2. Manipulación competente de la realidad. // 3. Conducta que, como la hipocresía, sólo fuera del mundo animal renta.

Deshonesto, *adj.* Que se hace el sorprendido. // 2. Que viaja siempre en *low cost* pero quiere estirar las piernas. // 3. Que, para poder mentir, se miente.

Desilusión, *f.* Despertar súbito.

Desinformación, *f.* Avalancha de datos. // 2. Acción preferible a la sobreinformación, pues al menos no desfigura el alma.

Desinformar, *v. tr.* Informar muchísimo.

Desleal, *adj.* Que, pudiendo trabajar para otros, prefiere hacerlo para sí mismo.

66

Desliz, *m.* Desacierto que alcanza su punto de saturación.

Desmaquillar, *v. tr.* Acción de abrumar con la verdad.

Desmayo, *m.* Puesta de sol.

Desmemoria, *f.* No me acuerdo.

Desmesura, *f.* Nombre que recibe la riqueza cuando es de otro.

Desnudo, *adj.* Desplumado.

Desobediencia, *f.* Sumisión a un principio distinto del previsto.

Desolación, *f.* Reacción ante lo esperable.

Desorientado, *adj.* Con un norte clarísimo que señala cualquier punto.

Desovar, *v. intr.* Dar a luz trillizos.

Despertador, *m.* Reloj estrepitoso con que la senectud invoca su llegada.

Desposarse, *v. prnl.*
Confirmar la unión entre
dos almas con un examen
tipo test.

Desprevenido, *adj.* Que
se hace el asombrado al
llegar el invierno.

Despropósito, *m.* Dislate
cometido a propósito.

Desquiciar, *v. tr.* Votar mal.

Desquite, *m.* Intento de
proporción.

Destino, *m.* Obra diaria
del pensamiento.

Destruir, *v. tr.* Ayudar más
de la cuenta.

Destruirse, *v. prnl.*
Objetivo del ave fénix, de
la locura controlada y del
artista en progreso.

Desubicar, *v. tr.* Poner a
alguien en su sitio.

Detalle, *m.* Nadería que
derrumba el edificio.

Detenerse, *v. prnl.*
Andar hacia atrás en las
escaleras mecánicas.

Determinación, *f.*
Perseveración en el error.

Devastador, *adj.*
Contradictorio.

Devoción, *f.* Sumisión
voluntaria a una persona,
causa, principio o fin.
// 2. Gusto por las tallas de
madera.

Diablo, *m.* Entidad de
carácter maléfico que
obliga al ser humano a
hacer lo que iba a hacer de
todos modos.

Dialogante, *adj.* Que
presume de dialogante.

Diálogo, *m.* Monólogo
interrumpido.

Diario, *m.* Desmemoria
encuadernada.

Diccionario, *m.* Catálogo
de palabras con su
definición supuesta que
este *Verbolario* enmienda
para beneficio del pueblo.

Dictadura, *f.* Democracia
unipersonal.

67

Dieta, *f.* Régimen que, multiplicado por dos —o combinado con otro—, constituye una comida completa. // 2. Carrerilla anterior al atracón definitivo.

Diez, *adj.* Seis o siete.

Diferencia, *f.* Cualidad que hace comparables las cosas parecidas. // 2. Igual, pero de otra manera.

Dificultad, *f.* Regalo con que la existencia añade hierro al alma.

Digerir, *v. tr.* Procesar una noticia durante dos horas o más antes de entrar en el agua. // 2. Conservar lo mejor de la comida (que nunca es lo que mejor sabe).

Dilema, *m.* Situación en que es necesario elegir entre dos malas alternativas.

Dimisionario, *adj.* Ganador con mala cara.

Dinero, *m.* Moneda que trata, con éxito desigual, de comprar el tiempo.

Dinosaurio, *m.* Animal de grandes dimensiones extinguido justo a tiempo.

Diplomático, *m.* Simulador con chaqué. // 2. Funcionario de educación irreprochable que destina su esfuerzo a evitar decir algo.

Disciplina, *f.* Autodisciplina. // 2. Moneda con que se financia un logro. // 3. Virtud sofocante.

Disciplinarse, *v. prnl.* Mantener a raya la rumia interna.

Discípulo, *m.* Idealista sometido a tratamiento.

Discreto, *adj.* Que no tiene nada que contar.

Desconfiar, *v. tr.*
Caminar mirando atrás.

Disculpa, *f.* Papel mojado en lágrimas de cocodrilo.

Discursear, *v. intr.* Hablar para evitar decir.

Discusión, *f.* Unidad de tiempo en las cenas familiares.

Discutir, *tr.* Hacer todo lo posible por no cambiar de parecer. // 2. Hacer rebotar el sonido en el otro.

Disfraz, *m.* Vestido que, en carnavales, sirve para disimular la careta de diario.

Dislexia, *f.* Alteración graciosa del diccionario por la que se atribuye a una voz la definición de la siguiente.

Distinto, *adj.* Que es igual a algo que ya nadie recuerda.

Distopía, *f.* Futuro cercano. // 2. Presente.

Distraer, *v. tr.* Objetivo encomiable del mago y el carterista.

Dividir, *v. tr.* Tomar un número natural y quebrarlo a base de promesas.

Divorciarse, *v. prnl.* Unir fuerzas.

Divorcio, *m.* Soltería compartida. // 2. Fin del sueño.

Divulgador, *m.* Quien no comprende algo, pero se lo explica a otro en cuanto alguien se lo explica a él.

Doctrina, *f.* Creencia ciega con aspecto de ideario.

Documentación, *f.* Conjunto de informes que nadie piensa leerse.

Dolido, *adj.* Incapaz de ver el dolor causado.

Dolor, *m.* Sensación molesta o aflictiva que a veces se confunde con el daño. // 2. Consecuencia de llenar un vacío demasiado rápido o demasiado pronto. // 3. Moneda de quien no tiene dinero. // 4. Fuente desviada de energía que convierte al generoso en egoísta y en cruel al tierno. // 5. Opinión del cuerpo.

Domador, *m.* Cristiano primitivo harto de todo.

Dominar, *v. tr. e intr.* Vivir un escalón por encima del paisaje.

Domingo, *m.* Sábado con olor a lunes.

Dominguero, *m.* Peatón con ruedas.

Donar, *v. tr.* Prestar un disco.

Donjuanismo, *m.* Sobreexcitación nerviosa casi indistinguible del celibato.

Dopamina, *f.* Combustible que estimula y sostiene las redes sociales.

Dormir, *v. intr.* Distraerse del mundo.

Dragón, *m.* Criatura mitológica con forma de reptil que habita en el centro de uno mismo.

Droga, *f.* Sustancia capaz de alterar la percepción (y, con el tiempo, los dientes).

Ducho, *adj.* Que espera lo inesperado.

Duda, *f.* Certeza pendiente de confirmación. // 2. Silencio que precede a la ignorancia. // 3. Opinión de los que no la tienen.

Durar, *v. intr.* Dar la razón // 2. Antónimo de «vivir».

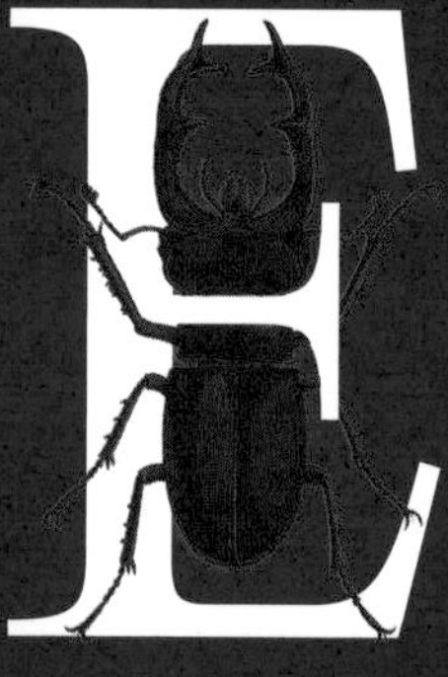
E

Eclipse, *m.* Oscurecimiento de una estrella de cine por interposición de otra (más joven).

Eco, *m.* Eco. // 2. Eco. // 3. Eco.

Economista, *m.* Adivinador retrospectivo.

Ecuanimidad, *f.* Desinfectante que a veces evita que la envidia brote.

Editorial, *f.* Fábrica de papel. // 2. *m.* Pequeña oda al rescate del suscriptor. // 3. Racionalización llena de meandros. // 4. Artículo que, por ser de encargo, no necesita firma.

Edredón, *m.* Refugio contra la tormenta.

Educar, *v. tr.* Amaestrar a la progenie mediante reflejos condicionados o invectivas afectuosas. // 2. Sincronizar al alumno con la ideología dominante. // 3. Encender una vela con otra vela.

Efecto, *m.* Causa nueva.

Efímero, *adj.* Perdurable, pero poco. // 2. Que tarda lo que tarda y dura lo que dura. // 3. Que entra por un oído y sale por el otro.

Ego, *m.* Instancia psíquica que se reconoce como *yo* y opina que el *tú* de los demás está hoy insoportable.

Egocéntrico, *adj.* Quien, pudiendo pensar en mí, piensa en sí mismo.

Egoísta, *adj.* Generoso consigo mismo. // 2. Que tiene lo que yo quiero.

Ególatra, *adj.* Sacerdote, dios y creyente de su propio culto.

Ejecutar, *v. tr.* Matar con permiso.

Ejemplar, *adj.* Capaz de simular virtudes de las que carece.

Él, *pron.* Hombre adornado de atributos superiores a los del esposo.

Elástico, *adj.* Adaptable como una certeza.

Elección, *f.* Lo que muestra lo que uno es, que no sus habilidades.

Elegido, *m.* Flautista que sigue a las ratas.

Elegir, *v. tr.* Descartar.

Elevado, *adj.* Profundo.

Élite, *f.* Decantación que, en sus mejores ejemplos, separa un líquido de su poso.

Ellos, *pron.* Morfema sin contenido léxico que señala a quienes apenas merecería la pena señalar.

Elogio, *m.* Paño con que el salteador va bruñendo el arma.

Emancipación, *f.* Orfandad de la buena.

Embaucar, *v. tr.* Dar respuestas asequibles a problemas sin solución.

Embotamiento, *m.* Parálisis por análisis.

Embozado, *adj.* Dispuesto a perpetrar un atraco o a evitar un contagio.

Emisora, *f.* Estación de radio que ayuda al oyente a fundar mejor sus prejuicios.

Emoción, *f.* Afección estomacal ligada a algunas revelaciones.

Empalagoso, *adj.* Que, con su zalamería, destapa los defectos del otro.

Empanada, *f.* Sueño desesperado. // 2. Lío tirando a gracioso. // 3. Pan con cosas.

Empanadilla, *f.* Pequeño embrollo.

Empezar, *v. tr.* Acabar de acabar.

Emprendedor, *adj.* Joven capitalista a punto de perder el dinero de sus padres.

Empujar, *v. tr.* Ayudar para mal.

74

Enamorado, *adj.* Que se quiere a sí mismo a través de alguien.

Enamoramiento, *m.* Razón de dejar de ser.

Enamorarse, *v. prnl.* Hablar por Skype y quedarse prendado de la propia imagen.

Enamoriscarse, *v. prnl.* Mirarse, en vez de en la misma dirección, el uno al otro.

Enano, *m.* Gigante visto desde lejos.

Encajar, *v. intr.* Mimetizarse con el entorno hasta que la tormenta pasa.

Encantador, *adj.* Embustero armado con un caramillo.

Encapuchado, *m.* Ladrón tímido.

Enciclopedia, *f.* Vehículo de rueda —a veces más rápido, a veces menos— cargado de convicciones.

Encuesta, *f.* Partido de ida. // 2. Entretenimiento favorito del opinador doméstico, que gusta de menear el rabo en cuanto huele el primer número. // 3. Cuestionario dirigido a un grupo de personas para hacer saber a otro qué le conviene.

Encuestar, *v. tr.* Pesar la opinión ajena con una balanza trucada.

Endemia, *f.* Costumbre local. // 2. Vampiro con la estaca mal clavada. // 3. Acervo del pueblo.

Endeudarse, *v. prnl.* Traer dinero del futuro.

Endorfina, *f.* Sustancia peptídica que produce de forma natural el encéfalo y que la poesía provenzal conoce como «amor cortés».

Enemigo, *m.* Antiguo socio.

Equidistante, *adj.*
Que se sitúa entre dos extremos, lo más
cerca posible de uno de ellos.

Energía, *f.* Materia de baja densidad. // 2. Ganas.

Enero, *m.* Mes del optimismo luminoso, que puede llegar a durar hasta quince días.

Enfermedad, *f.* Alteración de la salud por la que cuerpo y alma pierden adherencia entre sí. // 2. Trance que sobreviene cuando un número suficiente de células obedece el estado de ánimo de su dueño.

Enfermo, *adj.* Sano con matices.

Engaño, *m.* Acción más fácil de ejecutar que convencer a otro de que ha sido engañado.

Engordar, *v. intr.* Recordar dónde se había dejado el peso.

Engreimiento, *m.* Compostura que impide aprender lo que ya se cree saber.

Enigma, *m.* Problema tan interesante que desaconseja su solución.

Enredadera, *f.* Estructura vegetal que crece en el interior del cerebro.

Enseñar, *v. tr.* Cultivar con resultados inciertos.

Ensoñación, *f.* Onanismo psíquico.

Entendido, *m.* Matizador profesional.

Enterado, *adj.* Ignorante con lagunas.

Enterrador, *m.* Rapsoda que se asegura de que el muerto no remonte los elogios.

Entrampado, *adj.* Prisionero de sus deshonestidades.

Entrar, *v. intr.* Salir de algún sitio.

Entrenar, *v. tr.* Huir de forma controlada (en general, con cronómetro).

Entrevistador, *m.* Individuo que le pregunta a otro por quién pondría la mano en el fuego.

Entropía, *f.* Fuerza que desordena y ensucia el cuarto. // 2. Desbordamiento incontenible de lo probable. // 3. Gran igualadora de la naturaleza (a veces, con las prisas, se confunde con la muerte).

Envejecer, *v. intr.* Desteñir.

Envidia, *f.* Flujo oscuro de la admiración. // 2. Rival primero del afortunado.

Envidiar, *v. tr.* Admirar con angustia. // 2. Ser para siempre peor que alguien bueno.

Envidioso, *adj.* Con vocación de pobre. // 2. Vago anhelante.

// 3. Pigmeo que, al ver a alguien grande, se hace aún más pequeño.

Envilecer, *v. tr.* Ensuciar el agua limpia con argumentos turbios.

Epicentro, *m.* Centro que no para de moverse.

Epidemia, *f.* Cadena descontrolada de favores.

Epifanía, *f.* Festividad en la que los niños con demandas negocian su buena conducta.

Epitafio, *m.* Subidón final. // 2. Dos fechas cualesquiera separadas por un guión cualquiera.

Época, *f.* Período que el historiador traza en el suelo con un encogimiento de hombros.

Equidistante, *adj.* Que se sitúa entre dos extremos, lo más cerca posible de uno de ellos.

Equilibrio, *m.* Estado de relativa mesura que se produce cuando la paz es imposible y la guerra, improbable.

Equilibrista, *m. y f.* Atleta unido al mundo por la fe, más que por la física.

Equivocación, *f.* Certeza resistente a la confirmación.

Equivocarse, *v. prnl.* Acertar tarde o temprano.

Errata, *f.* Nombre que adquiere una opinión delicada cuando otro repara en ella.

Erupción, *f.* Explosión repentina de especulaciones.

Escandalizado, *adj.* Con poco mundo.

Escándalo, *m.* Fiesta del moralista.

Escasez, *f.* Falta que sobra.

Escenario, *m.* Diván de gran tamaño.

Esclavitud, *f.* Aturdimiento, a menudo voluntario, muy frecuente en el primer mundo. // 2. Sumisión a las propias pasiones.

Escoger, *v. tr.* Conformarse con algo por falta de recursos.

Escolar, *m.* Personita llena de ruido.

Escombro, *m.* Objeto fuera de su tiempo.

Escorpión, *m.* Animal con firma.

Escribir, *v. tr.* Pensar arriesgando. // 2. Sembrar un campo yermo con la esperanza de que alguien lo riegue.

Escritura, *f.* Voz que queda.

Escrúpulo, *m.* Duda que produce la conciencia en la debilidad de ánimo. // 2. Aprensión leve que se pasa pronto.

Escrupuloso, *adj.* Que adjudica a los demás su propia falta de higiene.

Escuchar, *v. tr.* Parar de hablar. // 2. Seguir callado un rato.

Esguince, *m.* Torcedura brusca y dolorosa que deja todo como estaba.

Esotérico, *adj.* Protegido con contraseña.

Especialista, *m.* Que sabe bastante de un poco de algo.

Espectro, *m.* Persona usualmente briosa en los últimos días de una dieta.

Especulador, *m.* Bueno en matemáticas simples.

Especular, *v. intr.* Improvisar una canción sobre un tema libre.

Espejo, *m.* Ventana a uno mismo.

Esperanza, *f.* Virtud del ludópata. // 2. Zanahoria que sigue el perezoso para imaginar que avanza.

Espina, *f.* Recuerdo amargo que a veces se riega con más esmero que la propia rosa.

Espinilla, *f.* Parte de la pierna ideal para encontrar muebles.

Espontáneo, *adj.* Que hace el idiota según lo previsto.

Espumarajo, *m.* Opinión retenida en la boca demasiado tiempo.

Esquivar, *v. tr.* Sortear con reflejos la verdad, el sentido común o cualquier otro objeto acabado en punta.

Estable, *adj.* Aburrido.

Estadista, *m.* Figura en que se convierte el político en cuanto deja la política.

Estandarte, *m.* Tela que nace raída.

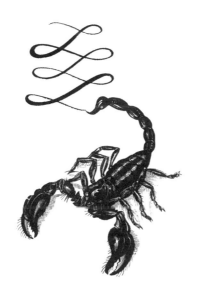

Escorpión, *m.*
Animal con firma.

Estantería, *f.* Divisor del mundo cotidiano en estratos geológicos.

Esterilla, *f.* Toalla que no seca, pero raspa.

Estética, *f.* Ética del autor clásico.

Estilo, *m.* Forma que el creador tiene de opinar. // 2. Verdad del artista.

Estimar, *v. tr.* Amar un poco. // 2. Querer haciendo balance. // 3. Querer sin ganas.

Estoico, *adj.* Que, despreciado, enfermo o en peligro, se cree dichoso.

Estorbar, *v. tr.* Llegar tarde. // 2. Introducir la razón en un argumento.

Estrategia, *f.* Plan detallado para no hacer algo.

Estrechar, *v. tr.* Unir dos manos, a veces para siempre.

Estribillo, *m.* Pensamiento de la manada.

Estudio, *m.* Trastero ubicado en el centro de la capital. // 2. Pieza de piano compartida con el vecino. // 3. Picadero con mueble bar. // 4. Esfuerzo del pensamiento por entenderse a sí mismo.

Estulto, *adj.* Que roza la estupidez por el lado de dentro.

Estupendo, *adj.* Estado en que se queda el zagal cuando se le aparece la Virgen.

Estupidez, *f.* Idea que parecía buena.

Eterno, *adj.* Bastante estable.

Ética, *f.* Moral de uno solo.

Euforia, *f.* Forma desesperada de lamento.

Eutanasia, *f.* Derecho a vivir.

Evolución, *f.* Cambio tan lento que sólo se percibe cuando ya da igual.

Evolucionar, *v. intr.* Envejecer bien.

Exageración, *f.* Recurso expresivo diez mil millones de veces mejor que la mesura.

Exagerar, *v. tr.* Aplicar a la evidencia sus últimas pinceladas. // 2. Frotar dos verdades entre sí hasta que formen una sola.

Exaltado, *m.* Entusiasmado por defender una y otra vez lo que le conviene a alguien a quien apenas conoce.

Examinarse, *v. prnl.* Empezar a olvidar lo antes posible la información retenida.

Exasperante, *adj.* Cualidad de quien tiene la razón.

Excéntrico, *adj.* De izquierdas o de derechas.

Excepción, *f.* Factor que revienta la regla. // 2. Norma nueva.

Excepcional, *adj.* Que pertenece a un patrón ignorado.

Exceso, *m.* Presencia en los demás de aquello de lo que uno carece. // 2. Alquimia por la que muchas cosas buenas adoptan las características de su opuesto.

Exhausto, *adj.* Con la velocidad cansada.

Exhibirse, *v. prnl.* Vivir en *streaming.*

Éxito, *m.* Fracaso inadvertido por el pueblo.

Exorcista, *m. y f.* Votante.

Expectativa, *f.* Fantasía sobre el otro que lo dice todo de uno.

Expeditivo, *adj.* Capaz de meterle a alguien dos veces la cabeza en agua y sacársela una sola.

Enciclopedia, *f.*
Vehículo de rueda —a veces más rápido,
a veces menos— cargado de convicciones.

Experiencia, *f.* Vida destilada. // 2. Kilometraje. // 3. Aquello que se consigue en lugar de lo que se quiere.

Experimentar, *v. tr.* Hacer, pero de joven.

Experto, *m.* Quien ha cometido todos los errores posibles en un solo campo.

Explicación, *m.* Relato que uno se cuenta a sí mismo mientras mira con atención al de enfrente.

Explicar, *v. tr.* Hacer como que se sabe.

Explicarse, *v. prnl.* Abrir hilo.

Exponer, *v. tr.* Desvelar. // 2. Decir. // 3. Mostrar. // 4. Presumir de cuadros.

Exquisito, *adj.* Tan caro que gusta.

Extintor, *m.* Testigo silente del incendio.

Extraordinario, *adj.* Ordinario y algo más. // 2. Bastante común, pero mirado desde otro ángulo.

Extraterrestre, *m.* Visitante de otro mundo empeñado en regresar a casa.

Extravío, *m.* Veleidad del caminante optimista.

Extremo, *m.* Lado de allá que toca con el lado de acá para formar un círculo perfecto.

Exultación, *f.* Imitación dramática de la alegría.

F

F

Fachada, *f.* Primera página del edificio.

Fácil, *adj.* Rápido, pero sin premio.

Facilidad, *f.* Determinismo grácil. // 2. Tendencia a licuar que muchas licuadoras tienen.

Facilitar, *v. tr.* Mirar para otro lado.

Fallar, *v. tr.* Acertar sin darse cuenta. // 2. Acertar tarde.

Fallecer, *v. intr.* Experimentar dificultades para prestar atención.

Fallo, *m.* Veredicto del jurado incluso cuando acierta.

Falsedad, *f.* Dimensión de la materia, invisible al ojo pero plenamente funcional.

Fan, *m.* Idólatra sin más vida que la que con gusto le robaría a su ídolo.

Fanático, *adj.* Cocido en su propia salsa. // 2. Que no puede cambiar de tema.

Fanfarrón, *adj.* Tipo asustado.

Fantasear, *v. intr.* Agarrar las estrellas por los pies.

Fantasía, *f.* Cuento a punto de entrar en barrena.

Fantasma, *m.* Individuo de apariencia normal, pero sin contenido interno.

Farfullar, *v. tr.* Disparar (con silenciador) al techo.

Faro, *m.* Imán luminoso. // 2. Baliza que, o evita que el barco se estrelle, o lo atrae al rompiente para su estrago.

Farolear, *v. intr.* Amenazar a un ventilador con el dedo.

Farsante, *adj.* Que, siendo analfabeto, enseña a leer al prójimo.

87

Fascista, *adj.* Epíteto que, si se grita con ganas, suele servir también como firma.

Fatuo, *adj.* Adicto al selfi.

Fauno, *m.* Hijo de pastor solitario y cabra lenta.

Favor, *m.* Ayuda difícil de perdonar. // 2. Indulgencia de la que arrepentirse enseguida.

Favorable, *adj.* Forma de viento que facilita el avance, pero perjudica el progreso.

Fe, *f.* Virtud teologal reforzada por la negligencia.

Felicidad, *f.* Estado de plenitud que acaba al despertar. // 2. Desmemoria. // 3. Eternidad breve.

Feliz, *adj.* Que hace porque quiere lo mismo que le amargaría si lo hiciera porque debe. // 2. Que es capaz de estar contento aun en la desgracia.

Fiabilidad, *f.* Arma del mentiroso.

Fiarse, *v. prnl.* Sortear la voz de la razón con éxito.

Fiasco, *m.* Hallazgo inesperado.

Filántropo, *m.* Promiscuo de la misericordia. // 2. Hombre generoso subido a un taburete.

Filia, *f.* Aversión a la fobia.

Filípica, *f.* Discurso áspero y punzante del gusto del televidente.

Filosofía, *f.* Ciencia que tiene por objeto probar lo que ya estaba probado.

Filósofo, *m.* Pensador que consagra su vida a demostrar que los demás filósofos mienten.

Filtración, *f.* Revelación interesada de datos a quien pasa por periodista.

Fiscalizador, *adj.* Incapaz de diferenciar obra de autor, salvo si es para hablar mal de la obra.

Física, *f.* Ciencia que estudia las leyes morales a las que se atiene la naturaleza.

Flauta, *f.* Útil de tortura muy apreciado en la escuela pública.

Flexibilidad, *f.* Firmeza suave. // 2. Transigencia natural de algunos metales. // 3. Inteligencia entreverada de bondad. // 4. Ductilidad propia del junco y del árbitro diestro.

Flexible, *f.* Antónimo de «blando».

Flirtear, *v. intr.* Plantar sin ánimo de recoger.

Flaqueza, *f.* Cabo suelto.

Flojo, *adj.* Que se pone debajo de un buitre por si al buitre se le cae algo.

Flotar, *v. intr.* Sostenerse en la superficie de una contradicción. // 2. Sobrevivir a las propias deshonestidades.

Fluidez, *f.* Rigidez en estado líquido.

Fobia, *f.* Rechazo a sentir rechazo por el rechazo.

Fomentar, *v. tr.* Esparcir agua sobre una superficie o credo para su aliento y refresco.

Fondo, *m.* Punto de partida del creador. // 2. Contexto del individuo. // 3. Destino del desubicado. // 4. Telón con que dar color a la vida y a la muerte.

Formalidad, *f.* Detalle imprescindible, pero sin importancia.

Fortaleza, *f.* Tolerancia a la franqueza. // 2. Seguridad en uno mismo limpia de vanidad. // 3. Resultado habitual de la incomodidad elegida.

89

Fotografía, *f.* Pintura rica en detalles. // 2. Eco atrapado en una botella.

Fotografiar, *v. tr.* Citar literalmente.

Fotógrafo, *m.* Artista impaciente.

Fracasar, *v. intr.* No intentar.

Fracaso, *m.* Logro aplazado. // 2. Aprendizaje. // 3. Victoria sin mérito.

Fragmentar, *tr.* Llenar a una persona de contradicciones.

Francés, *m.* Individuo que observa el mundo subido a otro francés.

Franqueza, *f.* Exceso de familiaridad.

Fraternal, *adj.* Propio del afecto profundo que se tenían Osiris y Seth.

Frío, *m.* Sensación física de duración variable que tiene como único objeto hacer añorar el calor.

Frontera, *f.* Línea roja que puede cruzar cualquiera cuando el maletero es grande.

Frustración, *f.* Resultado de acariciarse con más expectativas de la cuenta. // 2. Estado en que se sume el pueblo elegido al ver que nadie estaba mirando. // 3. Ajuste pesaroso del niño cuando se le pincha un globo.

Frustrar, *v. tr.* Privar a alguien de lo que no se merece.

Frustrarse, *v. prnl.* Empeñarse en ver de las cosas lo que no son.

Funambulista, *m.* Poeta fibrado. // 2. Deambulador de vacíos.

Fundar, *v. tr.* Pasarse por una aldea y ponerle nombre.

Funeral, *m.* Celebración que incluye la inhumación de un cadáver, su

90

incineración, o cualquier otro ritual que busque evitar sorpresas.

Furibundo, *adj.* Enfadado, pero con caras graciosas.

Fusión, *f.* Nombre que recibe una anexión cuando la parte ganadora accede a cambiar de nombre.

Fútil, *adj.* Que prefiere ser reflejo en el agua antes que quien mira.

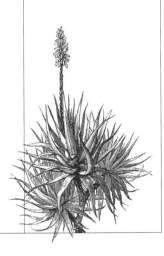

Gaitero, *m.* Músico muy motivado.

Galardón, *m.* Terrón de azúcar (también vale una sardina fresca) muy apreciado en los deportes y en las profesiones liberales.

Ganador, *m.* Perdedor con paciencia. // 2. Perdedor que pierde por menos que el otro perdedor. // 3. Perdedor que ha renunciado el suficiente número de veces a darse pena.

Garantía, *f.* Certeza que le exige a la vida quien no la entiende.

Gárgola, *f.* Paloma venida a más. // 2. Oteador flemático. // 3. Diablo glacial, pero no aterido. // 4. Corredor a la espera del disparo.

Gaseosa, *f.* Agua agujereada.

Gato, *m.* Ratón que se cree gato.

Gemelo, *adj.* Que es parecidísimo a sí mismo y casi igual a otro. // 2. Dos tazas.

Generación, *f.* Nueva hornada de gente.

Generalista, *adj.* Vaciado de significado.

Generalizar, *v. tr.* Ahorrar tiempo.

Generosidad, *f.* Desprendimiento de quien nada espera.

Genética, *f.* Disciplina que aconseja elegir bien a los padres.

Gente, *f.* Entelequia que reafirma nuestras opiniones. (Cuando las contradice, se llama «chusma»).

Genuflexión, *f.* Pago que, en ocasiones, pero no siempre, garantiza el cobro.

Genuino, *adj.* Que es fruto de una improbabilidad asombrosa.

Gigante, *m.* Enano visto desde cerca.

Gilipollas, *adj.* Que se queda un día sin postre y se cree Rosa Parks.

Giro, *m.* Desenlace inesperado de una película aburrida.

Gladiador, *m.* Guerrero en busca del *like*.

Glande, *m.* Remate del miembro viril, por pequeño que sea.

Global, *adj.* Seguramente particular, pero poco original.

Globalizar, *v. tr.* Aplanar. // 2. Hacer accesible.

Gloria, *f.* Estado supremo del espíritu que se experimenta al repetir postre.

Gobernar, *v. tr.* Tomar la prensa satírica como hoja de ruta.

Gol, *m.* Acierto euforizante producido por la entrada de un balón en la propia inconsciencia.

Goma, *f.* Material con el que se hacen las verdades.

Gordo, *adj.* Delgado atrapado en ámbar.

Gorra, *f.* Toldo unipersonal.

Gratis, *adj.* Que cuesta menos de lo que vale.

Gratuito, *adj.* Que lo paga otro.

Grito, *m.* Susurro desbocado.

Grupo, *m.* Conjunto musical a punto de separarse.

Guarida, *f.* Hogar del soltero.

Guerrero, *m.* Acechador de sí mismo. // 2. Individuo sin autocompasión. // 3. Hombre astuto, paciente y callado cuya espada rara vez abandona la vaina. // 4. Que vive sólo veinticuatro horas.

Guillotina, *f.* Cortaúñas de gran tamaño inventado en 1789 para recortar garras.

Gusano, *m.* Culebra que ni eso pudo seguir siendo.

Habitación, *f.* Imagen de sí mismo que tiene el vampiro ante el espejo.

Hábito, *m.* Querencia. // 2. Derrota. // 3. Uso. // 4. Libertad de la máquina.

Hablar, *v. intr.* Perder para siempre parte de lo comprendido.

Hacienda, *f.* Entidad contrarreformista que persigue y penaliza el trabajo.

Haiku, *m.* Coplilla sin rima sobre las hojas secas.

Halagar, *v. tr.* Debilitar.

Halago, *m.* Sustancia disuelta en zumo con que se alimenta hoy a los niños.

Hallazgo, *m.* Jarro de agua fría que desbarata cualquier búsqueda.

Hartazgo, *m.* Sensación que acaba por atenazar a quien se imagina mejor que otros.

Heder, *v. intr.* Expeler mala conciencia.

Hedor, *m.* Consecuencia ineludible de la iniquidad y la hidrofobia.

Hemeroteca, *f.* Archivo ordenado de contradicciones.

Heredar, *v. tr.* Sacar un volumen raro de la biblioteca pública y olvidar devolverlo.

Herido, *adj.* Muerto a plazos.

Hermano, *m.* Refuerzo familiar.

Héroe, *m.* Carnicero que está de nuestro lado.

Hielo, *m.* Agua en estado de estupefacción.

Hija, *f.* Quebradero de cabeza del padre.

Hijo, *m.* Pequeña réplica de sus progenitores que tiene como fin último reemplazarlos.

Hipercalórico, *adj.* Que está bastante bueno.

Hiperestesia, *f.* Emotividad con que el debutante recoge un premio.

Hipermercado, *m.* Tienda de barrio afectada de acromegalia. // 2. Una, grande y superficie.

Hiperrealismo, *m.* Modo de expresión pictórica que consiste en copiar despacio.

Hipo, *m.* Contracción involuntaria del abdomen producida por la culpa. (A menudo se confunde con la conciencia).

Hipocalórico, *adj.* Que no está muy rico.

Hipocresía, *f.* Fingimiento de la opinión que mantiene las relaciones vivas.

Hipócrita, *adj.* Que ejerce el trabajo del actor, pero sin pacto previo con el público.

Hipoteca, *f.* Gravamen sobre un bien por el que acaba pagándose varias veces el bien hasta perder el bien.

Hípster, *m.* Joven al que le queda bien la ropa de su abuelo.

Histeria, *f.* Goce intenso y pervertido.

Historiador, *m.* Autor. // 2. Artista. // 3. Inventor. // 4. Cronista que narra el pasado como si de verdad hubiera sido.

Histórico, *adj.* Dicho de un acontecimiento: Que pasa a menudo. // 2. Dicho de un acuerdo: Que no mejora la vida de nadie.

Hogar, *m.* Domicilio en llamas.

Hoja, *f.* Lámina que cae de los libros en el otoño.

Hola, *interj.* Exclamación con la que el Capitán Trueno se sorprendía y los demás saludamos.

H

Hombre, *m.* Niño que regresa al alba con la caza a cuestas. // 2. Mamífero útil para abrir los frascos levantiscos (o para bajarlos, al menos, de los estantes altos).

Hombrecito, *m.* Guerrero a medias.

Homicidio, *m.* Destino último de la política levantada sobre emociones.

Honestidad, *f.* Forma obsequiosa de sadismo.

Horda, *f.* Ejército de *bots* al ataque del disidente.

Horizonte, *m.* Aspiración que mantiene una distancia constante con su perseguidor. // 2. Paisaje que impide reparar en el borde del precipicio.

Hormigón, *m.* Roca líquida.

Hoyo, *m.* Protuberancia hacia dentro.

Hueco, *adj.* Que acaba de nacer.

Huevo, *m.* Lugar donde limita todo hartazgo. // 2. Nombre que recibe la célula cuando se sirve con patatas.

Humildad, *f.* Sobreactuación de la prudencia. // 2. Virtud que aqueja de repente a quien acaba de recibir una medalla. // 3. Facilidad para esconder las propias virtudes, dándolas así por hechas.

Humillación, *f.* Abatimiento que experimenta el pívot cuando está en la línea de tres puntos y nadie le cubre.

Humor, *m.* Franqueza envuelta en papel brillante.

99

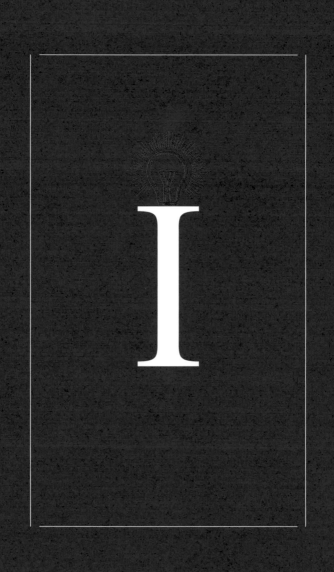

Idea, *f.* Noción que, cuando escasea, puede ser sustituida por la invención de cualquier palabra nueva.

Ideario, *m.* Sobras del pensamiento inducido.

Ideología, *f.* Muerte del pensamiento. // 2. Fusión armónica entre culto y lista de la compra. // 3. Libro de instrucciones que no se parece en nada a la estantería montada. // 4. Envoltura impermeable que rodea a una idea y la mantiene aislada del medio.

Ideologizado, *adj.* Filtrado. // 2. Purificado.

Ideólogo, *m.* Militar que no acude al combate.

Idiota, *adj.* Mono que viene del hombre. // 2. Sabio que ha dormido poco.

Idiotez, *f.* Ocurrencia difusa que a menudo obtiene resultados. // 2. Cualidad de quien vive en estado de pasmo frente a lo inevitable.

Idolatrar, *v. tr.* Elegir a casi cualquiera para hacerse una camiseta.

Ídolo, *m.* Falso ídolo.

Ignorancia, *f.* Ni idea.

Ignorante, *adj.* Como llama quien acaba de aprender algo a quien aún no lo sabe.

Igual, *adj.* Diferente, pero decepcionante. // 2. Bastante parecido. // 3. Tan distinto como siempre.

Igualar, *v. tr.* Rebanar cuanta cabeza sobresalga del seto.

Igualdad, *f.* Mediocridad consensuada.

Iluminación, *f.* Episodio de comprensión súbita de cuanto fue evidente siempre.

Iluminado, *m.* Quien, después de mucho meditar, encuentra por fin el interruptor.

Ilusión, *f.* Esperanza de los ciegos al peinarse. // 2. Virtud del votante risueño, que cree que en una chistera cabe un conejo.

Ilusionado, *adj.* Convenientemente dormido.

Ilusionista, *m.* Portavoz parlamentario.

Ilustrado, *adj.* Mono con modales.

Imaginar, *v. tr.* Empezar a hacer.

Imitación, *f.* Base de la ordenación social, más eficaz que la ley. // 2. Contagio.

Imitar, *v. tr.* Adoptar las emociones de otro para que afecten a los propios gestos.

Impaciencia, *f.* Paciencia estridente.

Impecable, *adj.* Necesariamente imperfecto, pero hecho con gran seriedad.

Implantarse, *v. prnl.* Parasitar las rutinas de todos.

Imposible, *adj.* Más arduo de lo que apetecería.

Imposición, *f.* Monólogo social.

Impúdico, *adj.* Que no padece de complejos, aunque le sobren motivos.

Impuesto, *m.* Tributo que el Estado exige y mide en libras de carne.

Impuntualidad, *f.* Puntualidad diferida.

Inacción, *f.* Recuperación en forma de O.

Inadecuado, *adj.* Que le viene mal a quien manda.

Incendiar, *v. tr.*
Escribir cualquier cosita.

Inanición, *f.* Frugalidad en busca de récord.

Incendiar, *v. tr.* Escribir cualquier cosita.

Incertidumbre, *f.* Seguridad aplazada.

Incivilidad, *f.* Espejo deformante de la libertad de expresión.

Inclusivo, *adj.* Que, cuanto más especifica, más excluye.

Incompetencia, *f.* Facilidad extrema para la improvisación.

Incompetente, *adj.* Que acierta sólo cuando rectifica. // 2. Astuto como un zorro.

Incondicional, *m.* Seguidor con la daga a punto.

Incontable, *adj.* Lo que ningún matemático contaría.

Incorregible, *adj.* Que está siempre en lo cierto.

Indecente, *adj.* Que hace lo que uno sin ser uno.

Indecisión, *f.* Firmeza en la demora.

Independencia, *f.* Resultado de no deberle nada a nadie. // 2. Cualidad deseable en el individuo, que tiende a preferir el gregarismo, aunque también lo llame independencia.

Independiente, *adj.* Dependiente de sí mismo.

Indeseable, *adj.* No deseado, pero permanente.

Indicio, *m.* Olor a prueba.

Indiferencia, *f.* Don de la invisibilidad, al alcance de la mayoría. // 2. Calma que sólo cierta clase de experiencia otorga.

Indígena, *m.* Individuo que siempre ha estado ahí.

Indignación, *f.* Sustituto de la acción.

Indignado, *adj.* Que se sube a una escalera pequeña para ver si enfada a alguien.

Individualista, *adj.* Que prefiere el frontón al tenis.

Individuo, *m.* Tumulto apagado. // 2. Parte indivisible del rebaño.

Indolencia, *f.* Decadencia del civismo.

Indolente, *adj.* Poco preocupado por lo preocupante.

Inédito, *adj.* Antiguo, pero olvidado.

Inepto, *adj.* Quien, pudiendo ser tonto por culpa de otro, lo es por méritos propios.

Inevitable, *adj.* Desde el punto de vista de la física, justo.

Inexacto, *adj.* Inconveniente, de momento.

Infantilismo, *m.* Atrofia de ciertos rasgos del carácter que, a menudo con asistencia externa, no logran alcanzar su natural desarrollo.

Infelicidad, *f.* Estado al que suele conducir el «todo o nada».

Infeliz, *adj.* Que creía ser lo que no era.

Infierno, *m.* Obviedad comprendida al día siguiente. // 2. Cielo visto antes de tiempo.

Influencia, *f.* Acción y efecto de estimular la imitación. // 2. Combinación fructífera entre la admiración y el pillaje.

Información, *f.* Inteligencia mecánica. // 2. Comunicación fugaz, episódica y atomizada de un hecho.

Informado, *adj.* Con más grasa que músculo. // 2. Antónimo de «sabio».

Irrealizable, *adj.*
Difícil.

Informador, *m.* Activista encerrado en el cuerpo de un periodista.

Infortunio, *m.* Eficaz —aunque engorroso— cribador de amistades.

Ingenio, *m.* Desesperación. // 2. Facultad cultivada por quien carece de habilidades concretas.

Ingenuidad, *f.* Necedad bondadosa.

Ingenuo, *adj.* Incapaz con cierto encanto. // 2. Que se cree sagaz, pero no aporta pruebas.

Inhibirse, *v. prnl.* Elegir salir con vida de una disputa.

Iniciativa, *f.* Desconfianza en las autoridades.

Injerto, *m.* Idea ajena que, con tiempo suficiente, acaba por pasar por propia.

Injusticia, *f.* Aplicación escrupulosa de una ley que no nos favorece.

Injusto, *adj.* Nombre que el indolente da a cuanto castigo le corresponde por mérito. // 2. Más que justo para el de enfrente.

Inmediatez, *f.* Cualidad de prontitud (o de contigüidad) que estorba la reflexión.

Inmerecido, *adj.* Merecido, pero por otro.

Inmigrante, *m.* Emigrante que vuelve.

Inmolación, *f.* Asesinato de muchos con una sola víctima justa.

Innumerable, *adj.* De veinte para arriba.

Inocente, *adj.* Infantil para bien. // 2. Culpable vocacional lento de reflejos.

Inolvidable, *adj.* Irreversible.

Intrincado, *adj.*
Retorcido, pero en general desenredable.

Inopia, *f.* Desconocimiento enciclopédico.

Inquietar, *v. tr.* Esforzarse por convencer.

Insatisfacción, *f.* Resultado de restarles las expectativas a los logros.

Insistir, *v. intr.* Mantenerse constante en la inexactitud. // 2. Meterle el dedo en la boca a alguien.

Insomnio, *m.* Consecuencia transitoria de la falta de autoindulgencia.

Inspiración, *f.* Sí en un páramo de noes.

Insulto, *m.* Honestidad acabada en punta.

Integración, *f.* Absorción silenciosa de la minoría.

Intelecto, *m.* Entendimiento cultivado que en nada tiene que ver con la conciencia.

Intelectual, *m.* Escritor televisado. // 2. Primo político del sabio.

Inteligencia, *f.* Maldición del inmoral.

Intemporal, *adj.* Eterno. // 2. Otoñal. // 3. Inexistente.

Intención, *f.* Coartada para el desastre.

Intensito, *adj.* Que pasaría la vida contigo, pero no mañana.

Intentar, *v. tr.* Conseguir un poco, pero muy poco.

Interesante, *adj.* Muletilla con que el indolente define cualquier estímulo.

Interior, *adj.* Anterior.

Intermediario, *m.* Profesional que tiene como fin tratar de evitar un acuerdo.

Interpretar, *v. tr.* Hacer de. // 2. Entender lo que uno quiera. // 3. Lograr que las cosas digan lo que convendría que hubieran dicho.

Interrogar, *v. tr.* Preguntar con ansiedad, pero sin curiosidad verdadera.

Interruptor, *m.* Aparato eléctrico en la espalda del militante de base.

Intolerancia, *f.* Resultado inesperado de la superioridad moral.

Intolerante, *adj.* Perfeccionista con otros.

Intrascendente, *adj.* Que preocupa mucho para nada.

Intrincado, *adj.* Retorcido, pero en general desenredable.

Introspección, *m.* Colonoscopia. // 2. Acto que acontece por sorpresa en los lugares sin wifi.

Intuición, *f.* Comprensión instantánea de la realidad; irracional, pero certera.

Intuir, *v. tr.* Recordar.

Inventar, *v. tr.* Entrevistar. // 2. Dejarse entrevistar. // 3. Descubrir.

Invisible, *adj.* Experto en supervivencia.

Invocar, *v. tr.* Quedar con un espíritu.

Involucionar, *v. intr.* Descender de marqués (pudiendo haber ascendido a duque).

Ironía, *f.* Figura retórica que estimula la demanda de aclaraciones.

Irrealizable, *adj.* Difícil.

Irregularidad, *f.* Regularidad mirada con lupa.

Irrelevante, *adj.* Que no moja, huele ni traspasa.

Irresponsabilidad, *f.* Ausencia de un yo estable.

Irresponsable, *adj.* Responsable de su propia miseria.

Irrestricto, *adj.* Libre o impúdico, según.

Irrevocable, *adj.* Que no puede revocarse de momento.

Irritar, *v. tr.* Recordarle algo a alguien.

Isla, *f.* Persona rodeada de gente por todas partes.

Izquierdista, *adj.* De derechas, pero con mejor marketing. // 2. Inglés al volante.

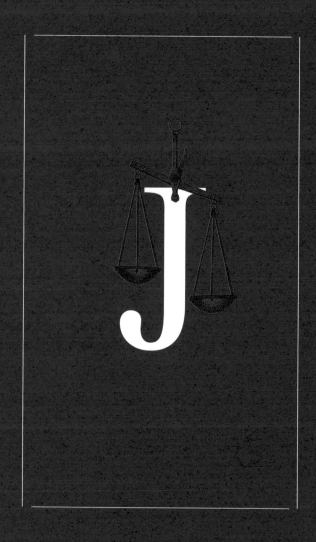

Jabato, *m.* Niño que fuma.

Jabón, *m.* Sebo aromatizado que limpia y deja suaves los pecados.

Jactarse, *v. prnl.* Presumir de la solidez de un edificio justo antes de que se venga abajo.

Jarana, *f.* Ruido casi imperceptible que hace el vecino al regresar del turno de noche.

Jardín, *m.* Hábitat natural del político lenguaraz. (También le vale un charco).

Jibarizar, *v. tr.* Infravalorar.

Joven, *adj.* Huevo recién puesto a hervir. // 2. Viejo poco hecho.

Jubilado, *m.* Experto en geopolítica. // 2. Señor con hazañas pendientes.

Júbilo, *f.* Incapacidad para administrar las buenas noticias. // 2. Ostentación preocupante del contento.

Juez, *m.* Oficio del ciudadano común cuando no es seleccionador de fútbol.

Jugar, *v. intr.* Eludir la vida real con mejor o peor tino. // 2. Tomarse la niñez en serio.

Juicio, *m.* Comparación fugaz.

Juramento, *m.* Compromiso tan sagrado que sólo los niños lo respetan.

Jurar, *v. tr.* Asegurar, pero poniendo algo en riesgo.

Justicia, *f.* Injusticia a favor. // 2. Venganza argumentada.

Justiciero, *adj.* Que quiere ser juez sin hacer la carrera.

Justificación, *f.* Repertorio de quejas.

Juventud, *f.* Inmortalidad pasajera. // 2. Estado del alma que el cuerpo desmiente.

Juzgar, *v. tr.* Exponerse.

113

Kafkiano, *adj.* Canónico. // 2. Que tiene rasgos familiares. // 3. En blanco y negro.

Káiser, *m.* Presidente de la escalera con el bigote curvado.

Kamikaze, *m.* Asesino arrepentido en el acto.

Kantiano, *adj.* Que sabe que no sabe, pero, sin hacer como que sí, hace al menos lo que puede con lo que sabe.

Karaoke, *m.* Paralimpiadas de la canción.

Karateca, *m.* Guerrero con ropa cómoda.

Karma, *m.* Cobrador paciente.

Kayak, *m.* Canoa diseñada para volcar por los dos lados.

Kebab, *m.* Bocadillo hecho de sobras.

Kétchup, *m.* Salsa de tomate condimentada con vinagre, azúcar y especias, que arruina el sabor del plato y alegra la vida del niño.

Kiko, *m.* Grano de maíz tostado que se come mucho en los cines (más en las escenas de acción que en los diálogos).

Kilo, *m.* Parte sobrante del cuerpo. // 2. Actual millón de las pesetas de antes.

Kilocaloría, *f.* Unidad de medida del exceso.

Kilométrico, *adj.* Largo.

Kimono, *m.* Pijama apropiado para el día // 2. Atuendo profesional para partirse la cara.

Koala, *m.* Animal que asoma sólo por un lado del árbol.

Kryptonita, *f.* Punto débil del enemigo, cuya ubicación se averigua muy bien con un poco de envidia.

L

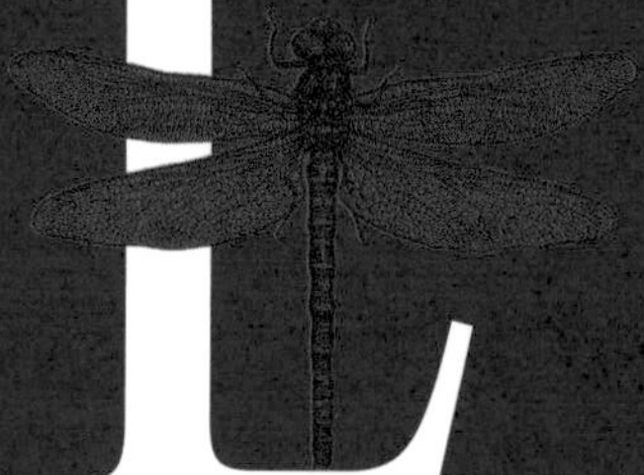

Ladrillo, *m.* Libro que sólo vive en las contraportadas y en las reseñas de los suplementos culturales.

Lámpara, *f.* Utensilio que, colgado o sostenido, sirve para alargar el día.

Lapsus, *m.* Verdad al descuido.

Lástima, *f.* Sentimiento mecánico que inspiran el enfermo, el pobre, el niño, el idiota y el niño idiota.

Lastre, *m.* Apéndice sin funcionalidad concreta.

Látigo, *m.* Refuerzo argumental muy popular entre las personas que llevan botas.

Laurel, *m.* Árbol siempre verde con cuyas hojas, según la cena, se reconocen méritos o se hace sopa.

Laxo, *adj.* Con menos agujeros en el cinturón de la cuenta.

Leal, *adj.* Que calla nuestros pecados y da cuerda a nuestros defectos.

Lectura, *f.* Variedad introspectiva de la escalada.

Leer, *v. tr.* Aprender a escribir. // 2. Caminar en el sitio. // 3. Pasearse por la casa de otro y colgar en cada pared una foto propia.

Legado, *m.* Tarea que empieza el padre y acaba el hijo.

Legislatura, *f.* Turno de guardia.

Lenguaraz, *adj.* Más sincero de la cuenta.

Levantarse, *v. prnl.* Decepcionar a alguien. // 2. Combatir heroicamente la entropía.

Ley, *f.* Disposición, precepto o regla que protege a la gente de la gente.

Leyenda, *f.* Mentira con trompetas.

Liberalismo, *m.* En su mejor versión, civismo responsable.

Liberarse, *v. prnl.* Desechar cuanto no depende de uno.

Libertad, *f.* Ansia del que ya ha comido. // 2. Responsabilidad. // 3. Capacidad de imponerse restricciones. // 4. Estado o condición del hombre civilizado que le permite protestar desde su propio sofá.

Liberto, *m.* Siervo que disfruta de un período entre amos.

Libre, *adj.* Esclavo de sí mismo. // 2. Amo de nada. // 3. Dueño de su propia ancla.

Libro, *m.* Sabio que dice lo que tiene que decir y luego calla.

Licántropo, *m.* Persona normal que amanece con la ropa rota.

Líder, *m.* Fusible con báculo. // 2. Adalid cautivo de la masa.

Limitación, *f.* Obstáculo infranqueable, pero rodeable.

Linterna, *f.* Taladro silente. // 2. Pastor de tinieblas.

Lipoescultura, *m.* Arte efímero.

Liviano, *adj.* Que lee sin veneración a los clásicos.

Llaga, *f.* Agujero del tamaño del dedo de un escéptico.

Llorar, *v. intr.* Darse pena.

Llorica, *m.* Que desaprueba que la vida no ofrezca garantías.

Locura, *f.* Ambición del menesteroso. // 2. Dolencia que consume a quien cree que lo que no fue pudo haber sido.

Lógica, *f.* Enemigo acérrimo de toda corrección política.

Lograr, *v. tr.* Alcanzar lo que se intenta o desea por el simple expediente de abonar su precio.

Longevidad, *f.* Espacio indefinido entre la perseverancia y el empecinamiento.

Loro, *m.* Ave de pico curvado y plumaje típicamente verde que habita dentro de la cabeza.

Lotería, *f.* Impuesto que pagan quienes no saben de estadística.

Luctuoso, *adj.* Forma de decir «tristísimo» cuando se habla del rey.

Lujoso, *adj.* Que cuesta un céntimo más de lo que permite el sueldo.

Luna, *f.* Piedra yerma, brillante sólo en la distancia, ideal para la lírica, con peor currículum que el sol, pero parecida prensa. // 2. Satélite natural de la Tierra, en el que habita la mitad de sus estadistas.

Luz, *f.* Agente físico que desbarata la oscuridad y sirve de soporte al entendimiento.

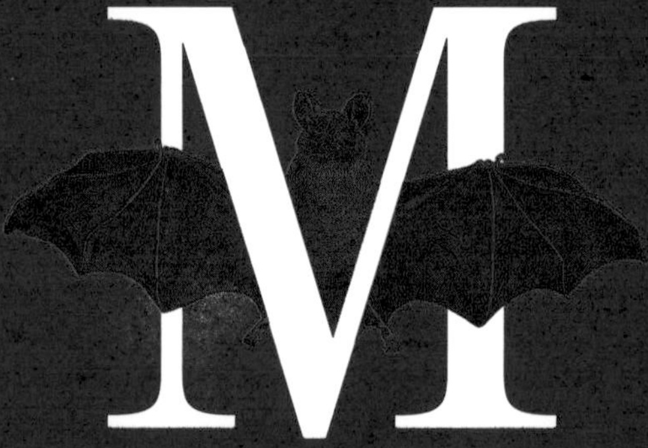
M

Machacar, *v. intr.* Adoctrinar a alguien con sus propias ideas.

Macho, *m.* Hombre asustado.

Macroeconomía, *f.* Abstracción con la que el pobre se consuela.

Madre, *f.* Autoridad a la que hasta Dios, de forma preventiva, rinde cuentas.

Madrileño, *adj.* De aquí, de Madrid.

Madrugar, *v. intr.* Levantarse a cualquier hora.

Madurar, *v. intr.* Comer ensalada. // 2. Dejar de votar al partido de siempre. // 3. Asumir la propia vulgaridad. // 4. Desarrollar una capacidad infinita para estar triste.

Magia, *f.* Tecnología cuyos principios aún se desconocen. // 2. Arte que permite mover el mar con un dedo y un conejo con el puño. // 3. Ciencia oculta con la que se pretende lograr, valiéndose de ciertos actos, lo que una orden directa lograría en la mitad de tiempo.

Magistrado, *m.* Que juzga sin miedo a ser juzgado.

Magnetismo, *m.* Atracción que a menudo se confunde con el atractivo.

Magro, *adj.* Propio del animal en forma.

Malbaratar, *v. tr.* Hablar con cierta fluidez una lengua muerta.

Maldad, *f.* Bondad transparente.

Maldición, *f.* Resultado, por lo visto inesperado, de las propias acciones.

Maleable, *adj.* Que es lo suficientemente dúctil como para poder empeorar.

Maleducado, *adj.* Que acusa a los demás de su infortunio.

Malentendido, *m.* Circunstancia que se produce cuando dos creen estar de acuerdo.

Maletero, *m.* Fondo del inconsciente que determina la conducta sin aflorar en el intelecto.

Malgastar, *v. tr.* Dispensar agasajos a un contable.

Malherido, *adj.* Gato que ya ha perdido seis vidas.

Malvado, *adj.* Partidario de salirse con la suya a un coste incalculable para otros (que pueden ser malvados o pueden ser buenos).

Mandamiento, *m.* Sugerencia radical.

Mandarina, *f.* Fruta poderosa y taimada.

Mandato, *m.* Período que determina la vida fértil de un gobernante.

Manía, *f.* Causa principal del fracaso escolar.
// 2. Prejuicio ideológico.

Manifestarse, *v. prnl.* Quedar.

Manifiesto, *m.* Borrador que el lector pasa a limpio en su cabeza.

Manipulación, *f.* Acción de convencer mediante el uso de emoticonos.

Manipular, *v. tr.* Informar con antelación de aquello de lo que la propia información va a ser causa.

Mansión, *f.* Casa demasiado grande.
// 2. Casa demasiado grande a la venta.

Mantra, *m.* Automurga.

Mapamundi, *m.* Representación geográfica de la Tierra dividida en dos hemisferios, incluyendo los países que no importan.

Machacar, *v. intr.*
Adoctrinar a alguien con
sus propias ideas.

Maquillaje, *m.* Enmienda al semblante.

Maquinal, *adj.* Estado habitual de quien está seguro de decidir por sí mismo.

Mar, *m. o f.* Ancho fruto de mil angostos padres.

Marciano, *m.* Marcianito fuera de la máquina.

Marco, *m.* Pieza que rodea y ciñe un cuadro y no admite comparación posible.

Marido, *m.* Futuro exmarido.

Mármol, *m.* Lengua muerta.

Mártir, *m.* Individuo combustible. // 2. Víctima que, a la larga, pone a alguien contento.

Más, *adv.* Menos.

Masái, *adj.* Guerrero africano colgado hacia arriba.

Masaje, *m.* Conquista de la laxitud muscular mediante la ausencia de rigor en el análisis.

Máscara, *f.* Rostro de quien no lo tiene.

Mascarilla, *f.* Cobertura para el semblante hecha de tela y augurios, que sirve de mucho o de nada según el día.

Mascota, *f.* Animal aburrido. // 2. Fiera dañada. // 3. Monstruo de gomaespuma con un señor dentro. // 4. Salvaje afligido.

Masón, *m.* Individuo que dice que es masón. // 2. Individuo que no dice que es masón. // 3. Individuo que dice que no es masón.

Masoquismo, *m.* Sadismo pasivo.

Masturbación, *f.* Saque de honor. // 2. Autoestima

manual. // 3. Demagogia llevada al extremo.

Matemático, *m.* Científico resistente al embeleso.

Materia, *f.* Expresión momentánea de una condensación de ideas. // 2. Energía apelmazada en forma, por ejemplo, de mesa.

Matrimonio, *m.* Vínculo afectuoso fortalecido con el trato. // 2. Primera causa de divorcio en el primer mundo.

Mayordomo, *m.* Periodista al servicio del político.

Mayoría, *f.* Minoría inmensa.

Mayoritario, *adj.* Literalmente mediocre.

Mazapán, *m. Del árabe hispánico pičmáṭ («masa») y éste del griego* παξαμάδιον *(«¿por qué?»).* Lodo de azúcar. // 2. Broma amasada. // 3. Engrudo de proporciones áureas. // 4. Sebo con forma de animal o larva.

Mecanografiar, *v. tr.* Atrapar el aire y convertirlo en piedra.

Medalla, *f.* Pieza de metal, comúnmente redonda, que se cuelga casi cualquiera que esté cerca de alguien a quien le vaya bien.

Mediador, *m.* Profesional que saca beneficio de un mal acuerdo.

Mediar, *v. intr.* Poner una vela a Dios y otra al Diablo.

Mediático, *adj.* Que te quiere sonar.

Medicamento, *m.* Sustancia que, administrada a un organismo vivo, sirve para devolverlo cuanto antes al trabajo.

125

Minero, *m.*
Alpinista a la inversa.

Médico, *m.* Fontanero con conocimientos de química.

Médium, *m.* Traductor e intérprete.

Medrar, *v. intr.* Avanzar agachado entre la maleza.

Megapíxel, *m.* Unidad de medida de la felicidad para el padre que se imagina fotógrafo.

Mejor, *adj.* Que no es tan bueno como lo sólo bueno.

Melindroso, *adj.* De ademanes delicadísimos, para ser de pueblo.

Momoria, *f.* Presente en salmuera.

Menos, *adv.* Más.

Mentir, *v. intr.* Apostar por el optimismo.

Mentira, *f.* Líquido transparente, inflamable y volátil, de olor penetrante y dulzón, empleado en medicina como anestésico. // 2. Verdad a medias.

Meñique, *m.* Dedo que se estira sin aviso para disimular su irrelevancia.

Mercenario, *m.* Que no vende el alma, pero la alquila.

Merecido, *adj.* Que ha sido obtenido en la modalidad de prepago. // 2. *m.* Sanción de la que se llevaba tiempo avisando.

Merendar, *v. tr.* Cenar pronto.

Meta, *f.* Objetivo inalcanzable. // 2. Fin banal. // 3. Línea pintada en el suelo.

Metafísica, *f.* Parte de la filosofía que tiene por objeto demostrar lo indemostrable.

Metáfora, *f.* Velo que envuelve el sentido recto de las cosas sin obstaculizar su visión.

Meteorito, *m.* Cuerpo rocoso o metálico formado por las opiniones que sobran en otros planetas.

Metralleta, *f.* Arma que dispara por aspersión.

Metrosexual, *adj.* Decorador de sí mismo.

Micra, *f.* Unidad para medir la distancia entre opiniones irreconciliables.

Microsegundo, *m.* Unidad de tiempo del sistema internacional que separa el instante en que un semáforo se pone en verde del sonido del claxon del de atrás.

Miedo, *m.* Nostalgia del líquido amniótico. // 2. Hábito del extraviado. // 3. Hábito de quien se sabe solo (que es todo el mundo).

Miedoso, *adj.* Con más información de la cuenta.

Miga, *f.* Meollo del pan y de casi cualquier cosa.

Mil, *adj.* Bastantes.

Milagro, *m.* Normalidad inexplicable.

Militante, *adj.* Pieza orgullosa de una estantería.

Militar, *v. intr.* Afiliarse a un clan. // 2. Presumir de cojera.

Millón, *m.* Pocos años para un geólogo. // 2. Bastante dinero para cualquiera. // 3. Demasiados amigos hasta para un brasileño.

Mímesis, *f.* Virtud del sigiloso con un plan.

Minero, *m.* Alpinista a la inversa.

Ministro, *m.* Funcionario de alto rango con cartera para el bocadillo.

Minoría, *f.* Mayoría en coalición.

Minorista, *m.* Mayorista discreto.

Mansión, *f.*
Casa demasiado grande. // *2.* Casa
demasiado grande a la venta.

Minoritario, *adj.* Que anhela el éxito.

Minuto, *m.* Período de tiempo que, en grupos de cinco, indica la distancia entre un piso en venta y el centro.

Mirra, *f.* Resina amarga, menos valiosa que el oro y de peor olor que el incienso.

Misterio, *m.* Obviedad rodeada de montañas.

Mítica, *adj.* Apellido que acompaña al nombre de cualquier antigua sala de conciertos.

Mito, *m.* Realidad protegida con contraseña.

Mochila, *f.* Bolsa compacta de lona del tamaño del karma.

Modélico, *adj.* Que le gusta más a tu madre que a tu abuela.

Modernidad, *f.* Desorientación informada.

Modestia, *f.* Virtud que en ocasiones lleva a la riqueza, pero en muy pocas.

Modesto, *adj.* Ágil driblador de sí mismo.

Mofeta, *f.* Ardilla de mal perder.

Molde, *m.* Jaula que uno mismo se construye para determinar su forma.

Molécula, *f.* Unidad mínima de la verdad que conserva sus propiedades químicas antes de pasar a convertirse en sospecha.

Molestar, *v. tr.* Expresar una opinión. // 2. Dar en la medida que se recibe.

Momia, *f.* Individuo con tanta experiencia atesorada como escasas opciones de aprovecharla.

Mononeuronal, *adj.* Con una neurona más de la media.

130

Monopolio, *m.* Máquina que rueda sobre cilindros pesados y se emplea para allanar caminos y voluntades.

Monstruo, *m.* Vástago sin vigilancia.

Montaña, *f.* Accidente geográfico con que la vida se apiada del perezoso y lo convierte en montañero.

Moral, *f.* Doctrina del obrar humano que analiza la relación que hay entre causa y efecto.

Moraleja, *f.* Explicación banal que mata el poder del cuento.

Moratoria, *f. Bonus track* del deudor con cintura.

Morirse, *v. prnl.* Mantener la vida a raya. // 2. Renunciar a hacer. // 3. Devolver al mundo lo que el mundo le dio a uno. // 4. Hacer sitio.

Mortalidad, *f.* Lo único que le da una oportunidad al ser humano de serlo.

Mosqueo, *m.* Vestíbulo de la confirmación.

Motorista, *m.* Individuo, generalmente con casco, que se ha caído o se va a caer.

Móvil, *m.* Objetivo. // 2. Teléfono portátil. // 3. Tener como objetivo cambiar de teléfono portátil.

Movilizar, *v. tr.* Agitar a la población hasta que el malestar retenido escape sin control posible.

Muchedumbre, *f.* Criatura de un millón de brazos y ninguna cabeza.

Muchos, *pron.* Algunos.

Mudarse, *v. prnl.* Cerrar los ojos mientras el mundo desfila.

131

Muerte, *f*. Gran acechadora. // 2. Descanso tirando a largo. // 3. Fatiga que no hay quien remonte. // 4. Tránsito que devuelve al vivo a su zona de confort. // 5. Punto final. // 6. Punto y seguido. // 7. Puntos suspensivos.

Muerto, *adj*. Individuo sin retos. // 2. Individuo sin reflejos.

Muletilla, *f*. Soporte del orador en prácticas.

Multicultural, *adj*. Que tiene un disco de Peter Gabriel. // 2. Conflictivo.

Multimillonario, *adj*. Millonario que puede permitirse serlo.

Multipolaridad, *f*. Bipartidismo de ocho o nueve.

Murciélago, *m*. Mamífero crepuscular, insectívoro y huérfano, que suele contar con la ayuda de un mayordomo.

Museo, *m*. Almacén ordenado. // 2. Panteón lleno de gente. // 3. Lugar donde se exhiben curiosidades robadas en otros países.

Música, *f*. Silencio intermitente.

Músico, *m*. Artista que se diferencia de otros por su sensibilidad para levantarse a la hora que le dé la gana.

Mustio, *adj*. Idiota sin riego.

Mutación, *f*. Mejora inexplicable en el comportamiento de un niño.

Música, *f.*
Silencio intermitente.

Nacer, *v. intr.* Empezar a morirse.

Nacimiento, *m.* Renacimiento.

Nacionalismo, *m.* Exacerbación de la sinécdoque.

Nada, *f.* Parte más grande del todo.

Nadar, *v. intr.* Volar con ayuda.

Naipe, *m.* Elemento primordial en que se basa el ordenamiento de la materia.

Narcisismo, *m.* Trastorno de la percepción que devuelve a un tonto el reflejo de otro. // 2. Manía de darse brillo con un trapo.

Narcisista, *m.* Amante incapaz de amar. // 2. Coleccionista de espejos.

Narciso, *m.* Que talla en el árbol: «Yo, corazón, pues yo».

Nativo, *adj.* Natural de Nativia.

Natural, *adj.* Relativo a la naturaleza y, por tanto, necesariamente bueno (como las picaduras de avispa, las setas venenosas y los maremotos).

Naturalidad, *f.* Sencillez de quien ama con permiso, pero sin notario.

Náufrago, *m.* Señor con barba. // 2. Deudor que le ofrece a la Muerte un período de su vida.

Navegar, *v. intr.* Desplazarse por el agua sobre algo que medio flote. // 2. Consultar las noticias en pijama.

Navidad, *f.* Día consagrado a la digestión de la cena. // 2. Festividad anual en que se conmemora el nacimiento de la Coca-Cola.

Negacionista, *adj.* Que afirma un montón de cosas.

Negativo, *adj.* Apelativo que, en medicina, recibe casi todo lo positivo.

Negociador, *m.* Emisario que trata de que una derrota suene a empate.

Negociar, *v. intr.* Imponer o claudicar, según la prisa.

Neo–, *elem. compos.* Apéndice inerte que deja como estaban las palabras a las que se adhiere.

Neolengua, *f.* Alemán.

Neologismo, *m.* Palabra que sale crujiente del horno, pero que no hay quien se coma fría.

Nervioso, *adj.* Bien informado.

Nevera, *f.* Invierno portátil. // 2. Anaquel para conservar yogures cuyo sistema emulan con éxito las salas de cine.

Nihilismo, *m.* Negación desganada de la realidad. // 2. Combinación impecable de inercia y cinismo.

Nimbo, *m.* Lámpara del santo que no se rinde al sueño.

Niñato, *m.* Preso sólo de su libertad. // 2. Que lo quiere todo fácil, rápido, gratis, pronto.

Niño, *m.* Hijo de alguien pegado a un balón. // 2. Inocencia a punto de ser interrumpida.

Noble, *adj.* Transparente.

Nocaut, *m.* Golpe que da la vida para rematar una mala racha.

Nochebuena, *f.* Vigilia con parientes, indistinguible de la Última Cena.

Nochevieja, *f.* Última noche del año que ocupa

y pisotea la primera mañana del nuevo.

Noción, *f.* Fragmento mínimo de información que, al igual que la ignorancia, incita a la opinión.

Normal, *adj.* Deficiente o carencial.

Normalidad, *f.* Cualidad o condición de normal, que puede ser de verdad o puede ser nueva. // 2. Estructura consensuada del mundo (cuando es nueva, ni eso).

Nosotros, *pron.* Yo.

Nostalgia, *f.* Añoranza de lo que ojalá hubiera sido. // 2. Déficit de atención. // 3. Forma suave de *jet lag*. // 4. Siesta larga.

Noticia, *f.* Rumor impreso.

Novato, *adj.* Futuro azote del novato.

Novedad, *f.* Lo de siempre, pero con otro número.

Novela, *f.* Huevo que pone la gallina después de un año sabático.

Nuevo, *adj.* Recién hecho. // 2. Recién deshecho. // 3. Por hacer. // 4. Olvidado por un tiempo.

Nunca, *adv.* Jamás. // 2. Tal vez. // 3. Enseguida. // 4. Acabo de hacerlo.

Nutrición, *f.* Ciencia que, cada quince o veinte años, convierte lo malo en recomendable y en perjudicial lo bueno.

Nutrirse, *v. prnl.* Comer caro.

137

Ñ, *f.* Letra provista de vírgula que sobra en muchísimas lenguas.

Ña, *adj.* Tratamiento que, en zonas rurales de América, se antepone al nombre de una dama que se compra los vestidos en la capital.

Ñam, *onomat.* Sonido con el que, para evitar escribir «mgrrfñgrumm», se imita usualmente el acto de comer.

Ñandú, *m.* Ave corredora americana, muy veloz, que habita en las grandes llanuras, se alimenta de plantas e insectos y seguramente no exista.

Ñapa, *f.* Reparación o arreglo indistinguible del daño.

Ñaque, *m.* Compañía ambulante de teatro que estaba compuesta por dos cómicos (que al principio se llevaban bien, luego se acusaban de traición y luego dejaban de hablarse, hasta que uno mataba al otro, preludiando la llegada del monólogo cómico).

Ñiquiñaque, *m.* Persona necesitada de lubricación en las articulaciones.

Ñoñería, *f.* Obra repleta de alegorías edificantes.

Ñoñez, *f.* Excrecencia delicadísima. // 2. Cosita boba que se le queda prendida en la mirada a quien mira a un niño.

Ñoño, *adj.* Soso. // 2. Bobo. // 3. Fofo.

Ñoqui, *m.* Masa hecha con patata, harina, leche, huevo y mantequilla, que se cuece en agua y sirve para tapar las grietas de las juntas de las puertas.

Ñu, *m.* Mamífero rumiante al que se le presupone gran tolerancia para aceptar nombres.

139

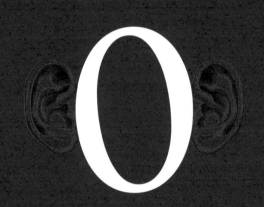

Obedecer, *v. tr.* Complacer las expectativas del lector, espectador u oyente. // 2. Delegar en la felicidad de otro.

Obeso, *adj.* Que disfruta a la vez de las ventajas de varias dietas.

Objetivo, *adj.* Perteneciente o relativo al objeto en sí, con independencia de las instrucciones recibidas.

Obligación, *f.* Apetencia del de enfrente.

Obligatorio, *adj.* Demorado con éxito el tiempo suficiente.

Observación, *f.* Opinión que nadie ha pedido. // 2. Acción y efecto de mirar por la ventana.

Observancia, *f.* Obediencia razonada.

Obstáculo, *m.* Fuente inagotable de vigor. // 2. Peso con que la vida permite al músculo su fortalecimiento.

Obstinarse, *v. prnl.* Continuar metiendo aire en una colchoneta inflada. // 2. Echarle queso al queso y agua al agua.

Obviar, *v. tr.* Parpadear en el momento preciso.

Oculto, *adj.* Que está a la vista, pero es inconcebible.

Odiar, *v. tr.* Amar mal. // 2. Amar más de la cuenta. // 3. Haber amado.

Odio, *m.* Descuido del amor.

Ofender, *v. tr.* Estar. // 2. Hablar y aguardar un poco.

Ofenderse, *v. prnl.* Resentirse de una mordedura. // 2. Subirse a una silla para exhibir grandeza.

Ofrecer, *v. tr.* Intimidar con buen tono.

Okupar, *v. tr.* Alquilar a muy buen precio.

Ola, *f.* Pliegue de agua en busca de su centro de gravedad. // 2. Movimiento que algunos ven sólo cuando ya ha pasado.

Óleo, *m.* Fotografía tomada sin prisa.

Olvidar, *v. tr.* Hacer hueco. // 2. Dar donde menos duele.

Omitir, *v. tr.* Encender, poner en mayúsculas, grabar en piedra y subrayar tres veces.

Omnisciente, *adj.* Que habla por la radio de ocho a diez y de cuatro a siete.

Onanismo, *m.* Exaltación del amor propio.

Opaco, *adj.* Que no permite ver lo que hay al otro lado, pero invita a asomarse.

Opción, *f.* Lo que aparece cuando se acaban las opciones.

Optimismo, *m.* Ceguera triunfante. // 2. Derrota de la estadística.

Optimista, *m.* Pesimista hipócrita. // 2. Pesimista práctico.

Opuesto, *adj.* En lo que se convierte cualquier cosa cuando se lleva a su mejor versión.

Oración, *f.* Queja poética.

Órbita, *f.* Trayectoria que garantiza la inmovilidad a través del movimiento.

Orden, *f.* Ruego sin alternativas. // 2. *m.* Línea de salida de la entropía.

Osado, *m.* Inconsciente, pero con buena planta.

Oscurantismo, *m.* Fragmentación del saber.

Ovni, *m.* Objeto volador no identificado, muy difícil de enfocar, que queda siempre bien al fondo de las fotos familiares.

Oxímoron, *m.* Figura retórica que combina dos palabras o expresiones de significado opuesto. (Son célebres los ejemplos: «música militar», «sabio optimista» y «hombre despierto»).

Ozono, *m.* Filtro de espesor variable y vocación perforable.

P

Paciencia, *f.*
Consecuencia fortuita
de la incapacidad.
// 2. Versión noble de
la pérdida de tiempo.
// 3. Lo que le pide quien se
aleja a quien se acerca.

Pacifista, *adj.*
Hortofrutícola.

Pactar, *v. tr.* Cambiar
los cromos de otros.
// 2. Renunciar a ser a
cambio de estar.

Paella, *f.* Comida basada
en el arroz que, servida en
restaurantes para turistas,
puede adquirir la textura
de un accidente.

Pajarita, *f.* Corbata hecha
un lío. // 2. Complemento
favorito del profesor de
griego. // 3. Lazo viril a
duras penas.

Palabra, *f.* Desenlace
de la mirada. // 2. Don
celeste con que el hombre
disfraza sus objetivos.

Paladín, *m.* Caballero que
defiende esforzadamente
la causa o doctrina de
otro.

Paloma, *f.* Plato que,
en tiempos de guerra, se
sirve en lecho de hojas de
olivo.

Pana, *f.* Tejido estriado
que, si no fuera estriado,
daría aún más calor.

Panadero, *m.* Rival
natural del vampiro en la
conquista de la vigilia.

Pandemia, *f.*
Proliferación de la
opinión. // 2. Convicción
muy extendida.

Pánico, *m.* Intuición
súbita de la propia
inanidad. // 2. Resultado
de entender en toda su
profundidad un problema.

Pañuelo, *m.* Adminículo
de tela que, bien doblado,
es símbolo de elegancia y,
desdoblado, normalmente
no.

145

Papada, *f.* Cuello que quiere ser cabeza.

Parado, *m.* Marinero en tierra.

Paradoja, *f.* Efecto que produce la muerte de un buitre.

Paradójico, *adj.* Coherente por sorpresa.

Paraguas, *m.* Causa de la lluvia si uno se incorpora tarde a la investigación.

Paraíso, *m.* Meta imprecisa del indolente. // 2. Lugar o espacio bastante ameno.

Paranoia, *f.* Realidad a cinco minutos de ser confirmada.

Paranoico, *adj.* Escéptico incapaz de serlo consigo mismo.

Parásito, *m.* Organismo conectado a la red eléctrica del vecino. // 2. *adj.* Que consume más de lo que produce y

encuentra a quien culpar de ello.

Parecer, *m.* Opinión irrelevante, pero cauta.

Pared, *f.* Dificultad, obstáculo, estorbo. // 2. Seto de piedra. // 3. Parte sobrante de una puerta.

Pareja, *f.* Unión entre dos personas en la que una afirma y la otra asiente.

Paria, *m.* Decimal que sobra.

Pariente, *adj.* Que te suena de algo.

Parodiar, *v. tr.* Homenajear sin reverencia.

Participante, *adj.* Que se ve envuelto en un embrollo.

Partido, *m.* Organización política con una mesita en el centro donde los más lentos —o sordos— pueden ir poniendo a su disposición el cargo.

Parado, *m.*
Marinero en tierra.

Partitura, *f.* Vibración pasada a tinta.

Pasado, *m.* Futuro en salazón. // 2. Futuro en retirada.

Pasividad, *f.* Escucha activa.

Pasivo, *adj.* Tan paciente que ha olvidado que espera.

Pataleta, *f.* Reacción de pura alegría ante las ventajas del fracaso.

Paternidad, *f.* Rendición sin condiciones.

Patología, *f.* Normalidad con mala prensa.

Pavo, *m.* Animal tonto, tontísimo (Dios, qué tontos son los pavos). // 2. Edad a la que los padres se ponen insoportables.

Paz, *f.* Coherencia interna. // 2. Gustito que da saber que sobre las nubes siempre hay buen tiempo.

148

Peatón, *m.* Conductor a fin de mes.

Pedante, *adj.* Que conoce lo que tú ignoras.

Peliculón, *m.* Película que, si es buena, también puede ser pequeña.

Peluca, *f.* Pelo de otra cabeza. // 2. Pelo falso hecho de pelo verdadero.

Peluquero, *m.* Artista plástico con madre dominante.

Péndulo, *m.* Bumerán atado a un hilo. // 2. Plomada indecisa.

Península, *f.* Persona rodeada de ruido por todas partes menos por una, que se llama libro.

Pensador, *m.* Interiorista.

Pensamiento, *m.* Mandato para que el cuerpo enferme o salte una zanja, depende.

Penuria, *f.* Resultado de comer muy poco y guardar muy poco para luego.

Percepción, *f.* Adquisición sesgada de estímulos con el filtro de la emoción, la atención, la visibilidad o el sueño.

Perchero, *f.* Ser humano sin conciencia.

Perdedor, *adj.* Ganador impaciente.

Perdonarse, *v. prnl.* Convencerse. // 2. Desconvencerse.

Perdurar, *v. intr.* Seguir siendo (habiendo sido).

Perfección, *f.* Cualidad por la que se posee el grado máximo de un determinado defecto.

Perfume, *m.* Ambientador para personas.

Periodismo, *m.* Arte de contar lo que ha pasado como si de verdad hubiera pasado para que parezca que ha pasado.

Perito, *m.* Desilusionista.

Perla, *f.* Grano de arena con una misión en la vida. // 2. Pequeña esfera de origen natural que, encadenada a otras o colgada de las orejas, mejora en algunas personas la apreciación de la ópera.

Permitir, *v. tr.* Posponer el reproche.

Pero, *conj. advers.* Enlace que une dos sintagmas, separándolos para siempre. // 2. Voz invariable y átona indistinguible del típex.

Perseverar, *v. intr.* Insistir en el error. // 2. No dar la felicidad por sentada.

Persiana, *f.* Párpado de las ventanas que los hoteles suplen con un telón de titanio.

149

Persona, *f.* Lo que queda después de opinar. // 2. Único animal capaz de inventarse dos veces la misma piedra. // 3. Fragmento insignificante de la realidad, cuya existencia en general ignora. // 4. Criatura esculpida de lenguaje y tiempo.

Persuadido, *adj.* Que casi evita un error.

Pértiga, *f.* Dificultad bien entendida.

Perversión, *f.* Gratitud con que a veces se recibe una mala noticia.

Pesadez, *f.* Cualidad del hombre sin peso.

Pesadilla, *f.* Película de terror proyectada en una sala vacía.

Pesado, *adj.* Gordo insistente. // 2. Dueño que lleva treinta años diciendo que, cada vez que abre el bar, pierde dinero.

Pesimismo, *m.* Hábito (de muy mala educación) que consiste en espesar el aire de la sala.

Peso, *m.* Medida del contenido interno. // 2. Lastre confesado a la baja. // 3. Fuerza con que la Tierra atrae el exceso.

Pesquisa, *f.* Indagación que se pone en marcha para hacer como que se quiere averiguar algo.

Petulante, *adj.* Idiota inmarcesible.

Peyote, *m.* Gasolina para cuervos.

Picaflor, *m.* Interesado, pero inconstante.

Picardía, *f.* Inmoralidad jovial.

Pijo, *adj.* Individuo bien despeinado.

Pionero, *m.* Que hace lo que ya había hecho otro.

150

Paraguas, *m.*
Causa de la lluvia si uno se incorpora tarde
a la investigación.

Pirámide, *f.* Figura geométrica que demuestra que, cuanto más se gana en altura, más se reconcilian las caras opuestas.

Pirata, *m.* Tuerto elegante —si es bueno— o despiadado —si es normal—.

Pirita, *f.* Piedra preciosa, pero sin valía.

Pirómano, *adj.* Bombero recién despedido. // 2. Bombero que no pasa las pruebas. // 3. Aprendiz de bombero.

Pírrico, *adj.* Conseguido por un pequeño margen a cambio de un gran daño (y, con frecuencia, para nada).

Pito, *m.* Instrumento irritante. // 2. Instrumento irritable.

Píxel, *n.* Grano de arena en el televisor. // 2. Punto de luz en el desierto.

Placer, *m.* Pausa en el dolor.

Plagio, *m.* Duplicado impecable de la inspiración.

Plan, *m.* Intención ambigua garabateada en una servilleta.

Planta, *f.* Almacén de luz. // 2. Animal callado. // 3. Ropa de hogar, música, muebles, sección de caballeros.

Plata, *f.* Material de gran valor con el que se envuelven los bocadillos.

Plataforma, *f.* Instalación destinada a la prospección y extracción de series de televisión del subsuelo marino.

Playa, *f.* Borde del mundo clavado al suelo con sombrillas.

Plaza, *f.* Tregua que el edificio da al perro (y al jugador de petanca).

152

Plazo, *m.* Período límite que se establece para algo con el firme propósito de incumplirlo.

Pleonasmo, *m.* Tautología. // 2. Oferta de dos palabras por el precio de una.

Plural, *adj.* Que da espacio a las propias ideas y a otras dos o tres muy parecidas.

Pobre, *adj.* Coartada del rico.

Poder, *m.* Capacidad de la palabra para detener el viento. // 2. Destilado de la disciplina. // 3. Central nuclear impulsada por la conciencia. // 4. *v. tr.* Como querer, pero con dinero.

Poema, *m.* Aire escrito. // 2. Aire descrito.

Poesía, *f.* Prosa apilada.

Poeta, *m.* Codificador de la realidad. // 2. Descodificador de la verdad.

Polarización, *f.* Cultivo distributivo del odio. // 2. Empeño que sólo acaba cuando los unos y los otros son, por fin, los vivos y los muertos.

Polarizar, *v. tr.* Destruir algo bonito para reinar sobre sus cenizas. // 2. Guiar a dos manadas iguales en direcciones opuestas.

Polémica, *f.* Arte de convertir lo inocuo en afrenta.

Policíaco, *adj.* Género literario que practica quien aspira a escribir bien sobre el mal.

Polímata, *m.* Inquietito.

Política, *f.* Plató. // 2. Guerra sin armas. // 3. Comercio en que los beneficios son colaterales y los daños, directos.

Político, *m.* Halagador del irritado. // 2. Profesional a quien no le importan los asuntos, sino el impacto de los asuntos en la opinión. // 3. Brioso dañador del espacio público.

Polvorón, *m.* Torta de harina, manteca y azúcar, que cabe muy bien en el puño y se come cuando deja de ofrecer resistencia.

Popular, *adj.* Relativo al pueblo. // 2. Que gusta. // 3. Que se entiende fácil.

Populismo, *m.* Rencor y simplismo.

Porcentaje, *m.* Cacho.

Porfiar, *v. intr.* Buscar de nuevo el lugar del que la vida nos saca. // 2. Masticar sin dientes.

Pornografía, *f.* Manual de cirugía para legos.

Porqué, *m.* Lo que permite soportar el qué y el cómo.

Posdata, *f.* Estrambote en prosa. // 2. Añadido apresurado a una carta que cambia su sentido por completo.

Poseer, *v. tr.* Creer que se tiene.

Poseído, *adj.* Habitado por alguien de voz grave.

Positivo, *adj.* Apelativo que, en medicina, define casi todo lo negativo.

Posverdad, *f.* Verdad como un falso templo.

Prebenda, *f.* Dote con que se premian los favores recibidos para garantizar los venideros.

Precaución, *f.* Indecisión calculada.

Precio, *m.* Cantidad de esfuerzo y tiempo que lleva lograr algo.

Preconcebir, *v. tr.* Juzgar con reflejos.

Pesadez, *f.*
Cualidad del hombre sin peso.

Predecir, *v. tr.* Hablar de más. // 2. Manejar un prejuicio con acierto.

Predicador, *m.* Columnista que empieza a cogerle el gusto a la sección de opinión.

Preexistente, *adj.* Cualidad que adquiere un objeto si se planta en un lugar cuando nadie mira.

Pregón, *m.* Proclama de lo que todos suponían pero prefieren ver confirmado en voz alta.

Pregunta, *f.* Afirmación con entonación ascendente.

Prejuicio, *m.* Manía.

Prejuzgar, *v. tr.* Ganar tiempo.

Premiar, *v. tr.* Envolver a alguien en papel de regalo.

Prensa, *f.* Plancha de aplastar noticias.

Preocupación, *f.* Inquilino que no sale de su cuarto y hace más ruido de noche que de día.

Prepotente, *adj.* Impotente.

Prerrequisito, *m.* Requisito.

Presa, *f.* Cazador cazado. // 2. Guerrero con inclinación a la queja.

Presidente, *m.* Rey de la escalera.

Prestamista, *m.* Persona que alquila a otros su dinero.

Préstamo, *m.* Desinterés a interés. // 2. Ayuda que llena al prestatario de resentimiento.

Prestar, *v. tr.* Regalar sin saber que se regala.

Prestidigitador, *m.* Editorialista en un día bueno.

Prestigio, *m.* Capa muy fina de oro que se quita rascando un poco.

Presumido, *adj.* Presa fácil.

Presunción, *f.* Virtud que permite imaginar la cara oculta de la Luna.

Presunto, *adj.* Muy. // 2. Que es culpable hasta nuevo aviso.

Prevaricador, *adj.* Amigo de sus amigos.

Prevenir, *v. tr.* Atacar de noche.

Prever, *v. tr.* Suponer bien. // 2. Estudiar el pasado. // 3. Concebir el futuro de algo con la fantasía justa.

Previsión, *f.* Anticipo optimista que sustituye al rigor. // 2. Acción de disponer lo que conviene para procurar lo que apetece.

Priapismo, *m.* Amor desinteresado.

Primerizo, *adj.* Reincidente en período de pruebas.

Principio, *m.* Fin de la preparación. // 2. Norma que rige la conducta del virtuoso (pero sólo si le cuesta dinero).

Privilegio, *m.* Exención de una obligación. (Cuando el exento es uno mismo, se llama «derecho»).

Problema, *m.* Valla que permite al paseante convertirse en atleta.

Proclamar, *v. tr.* Decir algo normal encaramado a una caja de fruta.

Procrastinación, *f.* Defecto que conviene dejar para otro día.

Procrastinar, *v. tr.* Abordar hoy, sin excusa ni demora, lo que debería llevar un mes hecho.

Producto, *m.* Objeto físico o virtual —legumbre, película, canción, gobernante— del que sólo importa el precio.

157

Profecía, *f.* Suposición llena de advertencias. // 2. Augurio que conviene ubicar años después de la esperanza de vida del profeta.

Profesional, *adj.* Que hace mucho, habla poco y ejerce su labor de forma seria.

Profesor, *m.* Instructor que lleva a los alumnos una página de ventaja.

Profetizar, *v. tr.* Anunciar lo que apetece que suceda.

Profundidad, *f.* Dimensión que resulta especialmente relevante en la piscina de los mayores y en la filosofía.

Profundo, *adj.* Elevado. // 2. Excusa del texto abstruso. // 3. Que no se entiende.

Progresar, *v. intr.* Pasar el dedo por una circunferencia y olvidar haberlo hecho en cada nueva vuelta. // 2. Abstenerse de algo.

Promesa, *f.* Película sin fecha de estreno. // 2. Cheque con la firma ilegible, o directamente sin fondos.

Prometer, *v. tr.* Ganar tiempo.

Promiscuidad, *f.* Apego por la multiplicación. // 2. Filantropía.

Pronosticar, *v. tr.* Sacar una bola del bombo.

Propaganda, *f.* Divulgación de lo que no ha sucedido, no existe o no pasará. // 2. Evangelio del ya convencido.

Propietario, *adj.* Inquilino del Estado.

Prosapia, *f.* Costal de pecados pendiente de herencia.

Prosperar, *v. intr.* Acudir en auxilio del ganador.

Paloma, *f.*
Plato que, en tiempos de guerra,
se sirve en lecho de hojas de olivo.

Provocación, *f.*
Exhibición de la virtud.

Provocador, *adj.* Que hace lo que detestan otros en lugar de lo que él quiere.

Provocar, *v. tr.* En el mundo del arte, tener la valentía de ir a favor de la corriente.

Proyeccionista, *m.* Demiurgo. // 2. Partera de estampas. // 3. Profesional que, en la caverna de Platón, se ocupa de la antorcha.

Proyecto, *m.* Plan imposible que procura logros inesperados en el camino.

Prudencia, *f.* Atemperador del juicio. // 2. Consecuencia deseable de la experiencia.

Prueba, *f.* Puente cubierto de niebla. // 2. Firma del delincuente.

Psicología, *f.* Discernimiento arruinado por el alma. // 2. Ciencia que se debate entre estudiar la voluntad, el espíritu, la mente o el simple comportamiento.

Psicológico, *adj.* Que, por hacer uso de la psique, anula toda lógica.

Psicopompo, *m.* Animal con wifi.

Psiquiatra, *m. y f.* Aspirante a floricultor que acaba de alfarero.

Publicar, *v. tr.* Parir. // 2. Dejar de revisar un texto.

Publicidad, *f.* Sustituto prohibitivo del tradicional péndulo.

Pudiente, *adj.* Que sí que puede.

Puente, *m.* Enlace entre mundos, aldeas, fiestas, lentes, partes del pie, ideas, dientes.

Pueril, *adj.* Infantil para mal.

Puerilidad, *f.* Necedad escogida.

Pulsera, *f.* Versión simplificada de las esposas.

Puritano, *adj.* Lascivo que se disfraza con las plumas del moralista.

Puro, *adj.* Que está por domesticar. // 2. Que está por mezclar. // 3. Que está por corromper. // 4. Que está por hacer. // 5. Que está.

Putada, *f.* Servicio que se le hace a alguien sin esperar nada a cambio.

Quebradizo, *adj.* De piel fina, hombros estrechos y padres aduladores.

Quedar, *v. intr.* Detenerse voluntariamente en un lugar, a una hora concreta, en connivencia con otros (que suelen retrasarse un poco).

Queja, *f.* Exigencia bañada en lágrimas. // 2. Profecía autocumplida. // 3. Torsión verbal que persigue los efectos del orgasmo. // 4. Autohechizo.

Quejarse, *v. prnl.* Hablar de nuestros gobernantes como si nos los eligieran fuera. // 2. Medio favorito del astuto para ganar dinero.

Quemado, *adj.* Muy expuesto a algo. // 2. Que ha dado información contradictoria muchas veces (pero sigue hablando).

Querellarse, *v. prnl.* Llamar la atención.

Querencia, *f.* Tendencia del ser humano a hacer justo lo que quiere.

Querer, *v. tr.* Señalar con el dedo.

Quererse, *v. prnl.* Buscarse a alguien hermoso para que sujete el espejo.

Querido, *adj.* Antónimo de «remitente».

Quesada, *f.* Postre típico de Cantabria, que, mira tú, no lleva queso.

Queso, *m.* Accidente de textura cremosa, sabor exquisito y olor a habitación de adolescente.

Quid, *m.* El punto más importante de una interrogación, que no de la interrogación.

Quieto, *adj.* Sagaz.

Quijada, *f.* Nombre que recibe la mandíbula cuando la espalda se llama lomo.

163

Quijotesco, *adj.*
Propio de quien se inventa —pero también
persigue— sus propias metas.

Quijotesco, *adj.* Propio de quien se inventa —pero también persigue— sus propias metas.

Quilate, *m.* Unidad de peso, y un poco de brillo.

Quilla, *f.* Mentón del barco.

Quimera, *f.* Propósito inabordable que, bien estirado, da para un par de temporadas.

Química, *f.* Poesía reducida a prosa.

Quinceañero, *adj.* Que pasa de los cuarenta, pero piensa como piensa.

Quincena, *f.* Período de tiempo más corto que dos semanas, pero más largo que medio mes.

Quiniela, *f.* Oráculo tirando a pedestre, aunque superviviente, por lo visto, al tiempo.

Quinielista, *m.* Apostador nostálgico.

Quirófano, *m.* Albero luminoso. // *2.* Vestíbulo del cielo.

Quiromasajista, *m.* Fetichista a jornada completa.

Quiróptero, *adj.* Animal con sónar y capa que cabe muy bien en el ropero.

Quisquilloso, *adj.* Infeliz vocacional.

Quiste, *m.* Opinión encapsulada bajo la piel.

Quitamanchas, *m.* Cerilla.

Quitamiedos, *m.* Parapeto situado en el borde de la carretera que tiene como fin dar todo el miedo posible.

Quitapenas, *m. y f.* Pareja de corta duración.

Quorum, *m.* Número de individuos necesario para equivocarse en algo.

165

R

Rabia, *f.* Estadio que a veces sigue a la sorpresa.

Rabo, *m.* Extremidad de la columna vertebral de algunos animales que las hembras han ido perdiendo con el tiempo.

Racha, *f.* Ristra de consecuencias que sigue a una decisión. // 2. Regreso del péndulo.

Racionalismo, *m.* Doctrina que sustituye la búsqueda de la verdad por la búsqueda de respuestas.

Racionalización, *f.* Autoengaño.

Racionar, *v. tr.* No comer casi. // 2. Repartir con pena.

Radiador, *m.* Artilugio metálico que sirve para tostar el ambiente.

Radical, *adj.* Muy metido en lo suyo.

Raíl, *m.* Cada una de las dos barras de hierro que, bien sujetas al mundo, mantienen el libre albedrío a raya.

Rajarse, *v. prnl.* Hacerse el herido (o herirse) para eludir una dificultad.

Ralladura, *f.* Limón sometido a tormento.

Ratón, *m.* Gato que se cree ratón.

Razón, *f.* Coartada.

Razonamiento, *m.* Declamación de una fórmula.

Realidad, *f.* Aquello que no se ve. // 2. Ficción consensuada. // 3. Verdadero enemigo del loco. // 4. Plan de la vida para apartar a alguien de sus mejores intenciones.

Rebaja, *f.* Resultado de escribir junto al precio inicial otro más alto. Y tacharlo luego.

167

Rebajas, *f.* Disciplina deportiva que ha perdido algo de fuste desde que su periodicidad es flexible.

Rebelde, *adj.* Sordo. // 2. Difícil de convencer.

Rebosante, *adj.* Que desaprovecha lo que tiene.

Rebrote, *m.* Vigor no solicitado.

Recelar, *v. tr.* Intuir las bondades de un asunto, pero encontrarlas demasiado trabajosas.

Recelo, *m.* Desconfianza que produce la buena memoria.

Receta, *f.* Fórmula química que, en manos de un repostero estrella, tiene como ingrediente habitual la fatuidad. // 2. Combinación de ingredientes que el comino estropea.

Rechazar, *v. tr.* Pedir un poco más a cambio de algo. // 2. Devolver con un revés cruzado un pensamiento.

Recibir, *v. tr.* Acción que da tanto placer que convierte el dar en obstáculo.

Reclamar, *v. tr.* Gritar con el viento en contra.

Recluta, *m.* Pacifista armado.

Recomendar, *v. tr.* Hacerse coautor de una decepción.

Recomenzar, *v. tr.* Imaginar finales distintos para iguales preludios.

Reconciliación, *f.* Perdón que procura una persona discreta a otra sin alternativas.

Reconocimiento, *m.* Satisfacción que se produce en los amigos del premiado cuando se sienten premiados ellos.

Reconstruir, *v. tr.*
Derribar algo para poder
revenderlo.

Recordar, *v. tr.* Ponerle
música al pasado.

Recorrer, *v. tr.* Viajar sin
fijarse.

Rectificar, *v. tr.* Empeorar
las cosas.

Recuerdo, *m.* Espina
atrapada bajo la piel.
// 2. Desenlace evanescente
de la imaginación.
// 3. Especulación creativa.
// 4. Alteración musical de
los hechos.

Redentor, *adj.* Cirujano
que cultiva un tumor para
ofrecerse a extirparlo
luego.

Rédito, *m.* Beneficio
inesperado del lloro.

Redundancia, *f.*
Redundancia.

Redundar, *intr.* Untar pan
con salmorejo.

Reembolsar, *v. tr.* Matar
a un prisionero.

Reemplazar, *v. tr.*
Mantener la existencia
del todo a costa de una
parte.

Reencarnación, *f.*
Error administrativo.
// 2. Reválida.
// 3. Encarnizamiento
terapéutico.

Reencarnado, *adj.* Muy
rojo.

Reencarnar, *v. intr.*
Morirse dejando a deber.

Reescribir, *v. tr.* Quitar.

Referéndum, *m.* Consulta
que los poderes públicos de
un lugar someten al voto
de sus habitantes para que
se peguen entre ellos.

Refinado, *adj.* Que despide
a su pareja con buenos
informes.

Reflexionar, *v. intr.* Dejar
de pensar.

Refugio, *m.* Mentira
cálida.

169

Regalar, *v. tr.* Prestar un rato.

Regalo, *m.* Entrega a cuenta que el niño firma sin haber leído antes la letra pequeña.

Régimen, *f.* Comida que sustituye a la comida.

Regreso, *m.* Búsqueda de los olores de la infancia.

Regular, *adj.* Que, aunque siente curiosidad por el bien, en realidad no es muy bueno.

Reinfección, *f.* Vuelta al estribillo.

Reiniciar, *v. tr.* Apagar y encender la vida, a ver qué pasa.

Reiterar, *v. tr.* Llover sobre mojado.

Relajamiento, *m.* Relajación prolongada en el tiempo.

Relativismo, *m.* Daltonismo moral.

Relativista, *adj.* Más o menos relativista.

Relato, *m.* Simple cuento.

Releer, *v. tr.* Leer de verdad algo.

Reloj, *m.* Aparato para medir el tiempo cuya consulta apenas afecta a la retentiva. // 2. Único lugar del mundo en el que es mediodía dos veces.

Rematar, *v. tr.* Ponerle la guinda al pastel (o servírselo a un diabético).

Rememorar, *v. tr.* Inventar con gracia.

Remolonear, *v. intr.* Tomar una carrerilla lenta hacia lo inevitable.

Remordimiento, *m.* Evidencia sobrevenida.

Renacentista, *adj.* A quien se le da bien una cosa y otra medio bien. // 2. Manitas.

Renacer, *v. intr.* Disponerse a caer de nuevo.

Reflexionar, *v. intr.*
Dejar de pensar.

Rencor, *m.* Clase particular de odio que sólo recibir un favor procura.

Reno, *m.* Ciervo con papada y talante escéptico.

Renuncia, *f.* Búsqueda de la felicidad a través de la astenia.

Renunciar, *v. intr.* Entender por fin.

Repasar, *v. tr.* Alterar para siempre un recuerdo.

Repetición, *f.* Acción y efecto de repetir o repetirse. // 2. Acción y efecto de repetir o repetirse.

Represalia, *f.* Factura.

Represión, *f.* Moralidad a la fuerza.

Represor, *adj.* De espíritu maternal. // 2. *m.* Nudo al extremo del globo.

Reprochar, *v. tr.* Enterrarse en frustración.

Repunte, *m.* Lo que sigue de forma inevitable a la caída (para que haya más caídas).

Reputación, *f.* Llave asaz pesada. // 2. Fama que los auténticos marinos adquieren sólo en las tormentas.

Res, *f.* ¿Selvático animal?

Resbalar, *v. intr.* Enjuiciar el ayer con el criterio del hoy (y al revés).

Rescatar, *v. tr.* En economía: Atar a un náufrago con una cuerda, sin subirlo, de momento, al barco.

Resentido, *adj.* Que sostiene que todo el mundo es bueno por naturaleza, menos Rousseau. // 2. Votante en segunda vuelta.

Resentimiento, *m.* Rastro que deja el amor perdido.

Resignación, *f.* Antónimo de «aceptación».

Resistir, *v. tr.* Vivir sin esperar.

Respetar, *v. tr.* Temer cortésmente.

Respeto, *m.* Consideración que inspira de inmediato quien no culpa de sus faltas al autocorrector.

Respingo, *m.* Reacción pasmada ante lo esperable.

Responsabilidad, *f.* Cumplimiento del deber, si este es penoso. // 2. Asunción de las causas puestas en movimiento por uno mismo. // 3. Exigencia constante que el irresponsable les hace a otros.

Responsable, *adj.* Culpable de sus propios males. // 2. Individuo de múltiples personalidades

que logra que los cheques los firme una sola. // 3. Libre.

Resurrección, *f.* Desquite apoteósico.

Reto, *m.* Empeño que parece sencillo cuando se le explica a otra persona.

Retractarse, *v. prnl.* Amoldarse. // 2. Tratar de devolver la pasta al tubo de dientes.

Retroceder, *v. intr.* Avanzar hacia el lado equivocado.

Retrovisor, *m.* Espejo que refleja el pasado.

Reunión, *f.* Tumulto programado de forma periódica para generar problemas donde sólo había dudas.

Revelación, *f.* Verdad que, como el sol, no puede mirarse de frente.

Revelar, *v. tr.* Poner dos velos sobre algo, en lugar de uno solo.

Revés, *m.* Hecho natural con que la vida nos salva de la inercia.

Revolución, *f.* Vuelta completa que deja las cosas como estaban.

Revolucionario, *adj.* Que hace girar la noria una vez y otra, una vez y otra, una vez y otra.

Rezar, *v. tr.* Reprobar a Dios. // 2. Exigir. // 3. Encomendarse a la suerte. // 4. Murmurar por lo bajo.

Riachuelo, *m.* Río sometido a cetosis.

Rico, *adj.* Coartada del pobre.

Rictus, *m.* Emoción congelada en el rostro. // 2. Sonrisa desasosegante.

Ridículo, *m.* Libertad provisional del pagado de sí mismo.

Rigidez, *f.* Disciplina del autómata. // 2. Dureza del débil.

174

Rigor, *m.* Privilegio de quien se teme a sí mismo.

Romanticismo, *m.* Amor pintado por un artista local.

Romántico, *adj.* Que opina que los beneficios de quererse son superiores a los riesgos.

Ronda, *f.* Paseo que ilustra el carácter cíclico de la vida. // 2. Invitación a emborracharse para olvidar el carácter cíclico de la vida.

Ropa, *f.* Tela con que el mono se cubre para pasar por hombre hirsuto.

Rosquilla, *f.* Ausencia rodeada de azúcar.

Ruborizarse, *v. prnl.* Admitir sin palabras.

Ruego, *f.* Reclamación urgente.

Ruido, *m.* Información innecesaria. // 2. Viruta que da forma y contenido al cerebro.

Ruin, *adj.* Que puede empequeñecerse muchas veces sin llegar a desaparecer nunca.

Rutina, *f.* Cadencia de quien no tiene ambiciones. // 2. Hábito que aleja al ser humano de sus deseos fundamentales. // 3. Círculo.

Sabático, *adj.*
Calificación que recibe
el año dedicado a perder
un año.

Sabiduría, *f.*
Entendimiento de
imposible transmisión.
// 2. Lo que queda del
aprendizaje después de
evaporarse el líquido
sobrante. // 3. Destilado
de la experiencia libre de
prejuicios. // 4. Práctica.

Sabio, *adj.* Desinformado
selectivo. // 2. Que no va
tan rápido como para
alcanzar la muerte ni tan
lento como para que la
muerte lo alcance.

Sabiondo, *adj.* Ignorante
echado a perder por la
universidad.

Sacerdocio, *m.*
Contumacia en la soltería.

Sacrificarse, *v. intr.* Pagar
por entrar al baile.

Sacrificio, *m.* Factura.

Sádico, *adj.* Masoquista
con complejos.

Sagrado, *adj.* Voluntario,
pero obligatorio.

Sal, *f.* Roca comestible.
// 2. Sustancia blanca y
cristalina, muy soluble en
agua, que sirve para que
—llegada cierta edad—
el médico tenga algo que
prohibir.

Salero, *m.* Ole y ole.
// 2. Recipiente que se
coloca sobre la mesa para
contener la mala suerte.
// 3. Tarrito de cristal para
guardar la gracia. (En los
países nórdicos, carece de
agujeros).

Salir, *v. intr.* Entrar en otra
parte.

Salmón, *m.* Pez teleósteo
que remonta lo probable y
lo improbable.

Salón, *m.* Cuarto de
estar en el que no se está
apenas.

177

Saltar, *v. tr.* Rodear por arriba.

Saltimbanqui, *m.* Artista con el baile de san Vito.

Salud, *f.* Enfermedad vigilante. // 2. Enfermedad silenciosa.

Salvaje, *adj.* Animal completo. // 2. Ser humano con margen de mejora.

Salvar, *v. tr.* Dejar a alguien indefenso.

Salvavidas, *m.* Cereal del mar. // 2. Director de orquesta en una ópera.

Sandía, *f.* Melón sin consecuencias.

Sano, *adj.* Enfermo al acecho.

Sardónica, *adj.* Cualidad de la risa sin alegría.

Sarpullido, *m.* Erupción en la piel inducida por la envidia.

Sátira, *f.* Realismo envuelto en papel de lija.

Satisfacción, *m.* Hartazgo efímero que precede a una nueva exigencia. // 2. Placer que produce hacer lo que no apetecía hacer.

Saturar, *v. tr.* Aumentar la entrada de sinceridad en un sistema hasta que deje de producirse el incremento en su efecto.

Secamanos, *m.* Aparato que suena de fondo mientras el usuario se frota las manos contra el pantalón.

Secreto, *m.* Información confiada en susurros para su inmediata divulgación. // 2. Palabra por encima de los cincuenta grados centígrados.

Sectarismo, *m.* Resultado habitual de creerse bueno.

Secuestrar, *v. tr.* Pedir prestado un libro.

Seducir, *v. tr.* Hipnotizar.

Segundo, *adj.* Día al que realmente resucitó Jesucristo, como sabe cualquier cristiano con dedos.

Seguro, *adj.* Exento de estímulo.

Semáforo, *m.* Franquicia de las madres en las calles. // 2. Sistema de señales ópticas para evitar que lo que habitualmente concurre en el espacio lo haga también en el tiempo.

Sencillo, *adj.* Que es difícil de hacer, pero fácil de ver. // 2. Antónimo de «simple».

Sensacionalismo, *m.* Compromiso hecho espectáculo.

Sensibilidad, *f.* Hiperestesia. // 2. Capacidad para conmoverse por uno mismo al contemplar la desgracia ajena.

Sentarse, *v. prnl.* Dudar entre la actividad y el sueño.

Sentido, *m.* Razón de estar. // 2. Paradoja en la que nadie ha reparado todavía. // 3. Dirección coja (o tuerta).

Sentimentalismo, *m.* Arma del cineasta sin razones, del escritor sin ideas y del político sin recursos.

Sentimiento, *m.* Sensación magnificada por el instinto.

Sentina, *f.* Intestino grueso del barco. // 2. Sótano que nadie nombra y pocos recuerdan.

Señal, *f.* Parpadeo de la realidad. // 2. Prohibición atada a un poste. // 3. Cicatriz en forma de asterisco.

Sudar, *v. intr.*
Derretirse ante el esfuerzo.

Señalar, *v. tr.* Llamar la atención hacia alguien designándolo con el dedo o con un mote bien elegido.

Ser, *v. intr.* Estar un buen rato. // 2. *m.* Que, aunque no necesariamente es, existir, existe.

Serenidad, *f.* Cualidad de quien no ha medido bien un riesgo.

Serie, *f.* Libro del que no lee.

Seriedad, *f.* Resultado de proponerse algo, hacerlo y no hablar de ello. // 2. Compromiso con los propios deseos.

Serpiente, *f.* Rata que ha encontrado la manera de arrastrarse otro poco. // 2. Nuevo amigo demasiado atento.

Serrería, *f.* Fábrica de música que convierte en serrín los ritmos binarios.

Servilleta, *f.* Pieza de tela o papel que, salvo que sea de bar, sirve para limpiarse.

Servilletero, *m.* Contenedor que, en los bares, alberga piezas cuadradas de papel impermeable.

Sextante, *m.* GPS de quien ha renunciado muchas veces a cambiar de móvil.

Sí, *adv.* No.

Sibila, *f.* Mujer que ve bien de lejos.

Siempre, *adv.* Con alguna frecuencia.

Siesta, *f.* Tráiler del sueño nocturno.

Sietemesino, *adj.* Que está aún algo harinoso, casi al dente.

Sigiloso, *adj.* Vaquero que se queda en casa. // 2. Indio que acecha.

Significado, *m.*
Componente oculto de la
información. // 2. Sentido
que tiene una palabra,
a menudo socavado por
lo que significó en otro
tiempo.

Significativo, *adj.*
Antónimo de «informativo».

Silencio, *m.* ... // 2. El
más temible de cuantos
castigos procura el
Averno.

Sillón, *m.* Silla echada a
perder por la molicie.

Símbolo, *m.* Verdad detrás
del objeto.

Simpatía, *f.* Estrategia
del guerrero que busca
ventaja. // 2. Máscara del
irresponsable. // 3. Virtud
del oportunista. // 4. Arma
secreta del feo.

Simpático, *adj.* Que
ensalza como virtudes
nuestros peores defectos.

Simple, *adj.* Sabio.
// 2. Necio.

Sino, *m.* Meta que
depende en gran parte de
la línea de salida.

Síntoma, *m.* Herida en
forma de bocado que a
veces indica que alguien
ha sido mordido.

Sirviente, *m.* Hagiógrafo
que se dice columnista.

Smartphone, *m.* Teléfono
que hace tonto al dueño.

Sobrar, *v. tr.* Adivinar el
pasado.

Sobreactuar, *v. intr.*
Insistir en que se actúa.

Sobreponerse, *v. prnl.*
Dejar pasar un año.

Sobrevalorado, *adj.*
Que es mejor que tú.

Sobrevivir, *v. intr.* Pasar el
rato. // 2. Mantener el sol
a la vista.

Sobreexcitar, *v. tr.*
Producir, mediante un
estímulo, un exceso de
actividad en una célula,
órgano, expectativa o
empeño.

Sobriedad, *f.* Refinamiento del pobre. // 2. Elegancia del rico.

Social, *adj.* Epíteto que usa el político que necesita recaudar más dinero.

Socorrista, *m.* Mesías musculado en trance de pagarse la carrera.

Sofoco, *m.* Sensación de calor, muchas veces acompañada de sudor y enrojecimiento de la piel, que provocan la vergüenza y los disgustos (la vergüenza, cada vez menos).

Sojuzgar, *v. tr.* Juzgar hasta el doblegamiento.

Sol, *m.* Fuente de luz y vida, con muy mala prensa entre los dermatólogos y buena entre los cazadores de vampiros. // 2. Centro del extremo del universo.

Soldado, *m.* Afiliado a un partido con perfil en Twitter.

Solicitar, *v. tr.* Lo que se hace en lugar de porfiar, justo antes de empezar a exigir.

Solidaridad, *f.* Fortaleza del nosotros no sobre el vosotros, sino sobre el yo. // 2. Adhesión precipitada a una causa.

Solidario, *adj.* Que se ve envuelto en algo.

Solipsista, *adj.* Que cultiva sus defectos con pasión y esmero.

Solitario, *adj.* De higiene deficiente.

Solo, *adj.* Que no está con quien quiere estar.

Solución, *f.* Disolución. // 2. Mentira congruente.

Solvente, *adj.* Perfectamente preparado para diluirse en un líquido.

183

Sombra, *f.* Luz interceptada a tiempo.

Sombrilla, *f.* Pladur plegable.

Sonámbulo, *adj.* Caminante confiado. // 2. Individuo que opina.

Sonrisa, *f.* Erección en los labios.

Soponcio, *m.* Desmayo, ya en desuso, de las señoras ricas. // 2. Ademán con que el cursi colapsa ante un golpe de calor o una paradoja.

Sordo, *adj.* Que oye sólo lo que puede olvidar.

Sorprender, *v. tr.* Agradar al enemigo hasta su rendición final.

Sorpresa, *f.* Extrañeza que produce la falta de atención o práctica. // 2. Reacción que escenifica el premiado que aguardaba pacientemente junto al teléfono.

Sospecha, *f.* Idea que se queda entre los dientes.

Sospechar, *v. tr.* Saber antes de tiempo.

Sostenible, *adj.* Sujeto con pinzas.

Subcampeón, *m.* Campeón que se ha equivocado en algo.

Subcomisión, *f.* Camello pasado por el ojo de una comisión.

Subconsciente, *m.* Persona de impulsos autónomos que vive debajo de la persona.

Subliminal, *adj.* Que se cuela por debajo de la valla.

Subordinado, *adj.* Jefe con piel de cordero.

Sucesor, *adj.* Líder que el líder saliente impone con el fin de arrepentirse enseguida de haberlo impuesto.

Sudar, *v. intr.* Derretirse ante el esfuerzo.

Suelo, *m.* Superficie sobre la que yace la autoestima. // 2. Plataforma para alzar el vuelo.

Sueño, *m.* Estado habitual del ser humano durante el día. // 2. Avance silencioso de la vida. // 3. Muerte llena de agujeros.

Suerte, *f.* Casualidad a que se atribuye el resultado de una operación aritmética. // 2. Fruto habitual del esfuerzo sostenido en el tiempo.

Suertudo, *adj.* Cualquiera a quien le vaya bien, especialmente si es por méritos propios.

Sufragio, *f.* Revancha social. // 2. Subterfugio.

Sufridor, *adj.* Adicto al trauma.

Sufrimiento, *m.* Paciencia, dolor o pena que produce la resistencia a la realidad. // 2. Resultado de creer que lo que se quiere corresponde.

Sufrir, *v. tr.* Desear. // 2. No ver lo que se tiene. // 3. Anhelar más de lo que puede alcanzarse. // 4. Retrasar un poco más el premio.

Sugerir, *v. tr.* Ordenar con calma.

Suicida, *m.* y *f.* Persona que dispara flechas al horizonte sin recordar que el mundo es redondo. // 2. Quien, por su apego a los áticos, diríase próspero.

Suma, *f.* Adición de cantidades homogéneas que da como resultado cualquier disparate.

Superar, *v. tr.* Rescatar poder.

Superespecialización, *f.* Ignorancia.

Superfluo, *adj.* Cien por cien seguro y, por tanto, cien por cien inútil.

Secreto, *m.*
Información confiada en susurros
para su inmediata divulgación.

Superhéroe, *m.* Rencoroso con capa.

Superlativo, *adj.* Palabras mayores.

Superstición, *f.* Lógica atolondrada.

Supervisor, *m.* Quien vigila al vigilante del vigilante.

Suponer, *v. tr.* Soñar despierto.

Supremacista, *m.* Idiota que cree que lo común es especial y lo igual, mejor.

Sursuncorda, *m.* Personalidad de incontestable ascendiente cuyo criterio, sin embargo, cuestiona tu madre.

Suspicaz, *adj.* Perfectamente capaz de descansar con los ojos abiertos.

Suspiro, *m.* Opinión mal contenida.

Sustituto, *m.* Profesional condenado a la comparación.

Susto, *m.* Intuición súbita sobre la forma de resolver un dilema.

Susurro, *m.* Grito concentrado, más eficaz todavía que el tradicional aullido.

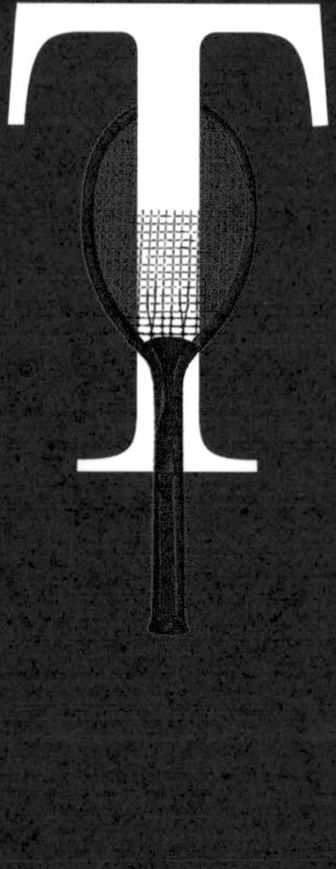
T

Tacha, *f.* Vampiro instalado en el carácter.

Tacticismo, *m.* Diseño minucioso de la derrota.

Tahona, *f.* Tienda que vende de día el afán nocturno.

Tango, *m.* Verticalidad con deseo de horizontalidad.

Tapiz, *m.* Moqueta para paredes.

Tarde, *f.* Noche de la mañana. // 2. *adv.* Instante en que acude a la mente la réplica perfecta.

Tarot, *m.* Juego de naipes para dos, de reglas vaporosas. (También se puede jugar al solitario).

Tartufo, *m.* Que está en contra del dinero en cualquier circunstancia, si la circunstancia no le incumbe.

Tasar, *v. tr.* Calcular a ojo.

Tatuaje, *m.* Descuido que perdura. // 2. Equivocación impresa.

Tauromaquia, *f.* Disciplina antiolímpica: «Más bajo, más cerca, más despacio».

Teatro, *m.* Vida con cortinas a los lados.

Tejado, *m.* Techo encima del techo.

Teléfono, *m.* Aparato que sirve para dejar de gritar (salvo que no sirve).

Teletrabajar, *v. intr.* Mantenerse lejos del trabajo. // 2. Cobrar menos a distancia.

Televisor, *m.* Caja de Pandora con el candado suelto.

Temor, *m.* Pasión del ánimo provocada por la aclaración de una duda. // 2. Miedo a lo que generalmente no sucede.

Temple, *m.* Variante fluida de la disciplina.

Tenis, *m.* Boxeo sin contacto.

Tensión, *f.* Antesala del premio. // 2. Antesala del despido. // 3. Antesala del orgasmo. // 4. Antesala del relajamiento definitivo. // 5. Antesala del encendido eléctrico.

Tentación, *f.* Subterfugio de la ambición. // 2. Estímulo perverso de cualquier clase de apetito.

Teñir, *v. tr.* Mirar la vida con las gafas sucias.

Tercermundista, *adj.* Todo aquello que exija un pequeño esfuerzo o la espera de más de dos minutos.

Termostato, *m.* Persona que no registra la temperatura de una sala, sino que la modifica.

Terraplanista, *m.* Encefalogramaplanista.

Terremoto, *m.* Sacudida violenta de la conciencia.

Tertulia, *f.* Forma de conversación para la que la sordera constituye una ventaja.

Tertuliano, *adj.* Taxidermista de vivos. // 2. Profesional a punto de ser fichado por un partido como independiente.

Tesón, *m.* Autodominio. // 2. Músculo del carácter.

Testaferro, *m.* Generoso a sueldo. // 2. Rico teórico (con las atribuciones propias del práctico).

Testamento, *m.* Carta llena de posdatas.

Testigo, *m.* Inventor de sucesos. // 2. Persona que cree haber visto algo.

Tetera, *f.* Contenedor de acero inoxidable que sirve para derramar el té.

Tibio, *adj.* Que no es frío ni está caliente ni, a decir verdad, importa.

Teatro, *m.*
Vida con cortinas a los lados.

Tiempo, *m.* Magnitud física de carácter abstracto que se desliza muy bien entre los dedos.

Tinte, *m.* Color traído de otro país.

Tirano, *m.* Anarquista con poder.

Tirante, *m.* Cinturón vertical para alargar los calcetines o acortar el cuerpo.

Titular, *n.* Noticia gritada. // 2. Resumen de una entrevista que la entrevista desmiente.

Toalla, *f.* Alfombrilla de baño venida a más.

Todo, *pron. indef.* Algunas cosas.

Todopoderoso, *adj.* Que hace todo lo que puede.

Toldo, *m.* Tupé del edificio soleado.

Tolerancia, *f.* Virtud del soberbio. // 2. Negocio del autoindulgente. // 3. Forma

amable de transigencia. // 4. Cualidad de los hombres buenos que permite la aceptación y comprensión de la histamina, el gluten y la lactosa.

Tonsura, *f.* Claro en el bosque.

Tope, *m.* Cuña de madera, silicona o culpa que impide que se abra una puerta.

Toque, *m.* Golpecito en el hombro del ciudadano que casi siempre le da al ciudadano quien necesitaría un golpecito en el hombro.

Tornillo, *m.* Pieza que sobra o falta en muchas lavadoras y bastantes cerebros.

Tos, *f.* Opinión breve y seca.

Totalitario, *adj.* Que confunde su libertad con la de todos. // 2. Que no prohíbe lo que debería prohibir.

Totalitarismo, *m.* Doctrina de quien tiene buena voz y mal oído.

Trabajo, *m.* Maldición del embebido. // 2. Salvación del gandul. // 3. Descanso del parado. // 4. Opio del pueblo.

Trabalenguas, *m.* Admisión pública de un error.

Traducir, *v. tr.* Distorsionar con gracia. // 2. Cerrar un cajón atascado. // 3. Arrancarle una confesión a un texto.

Traicionar, *v. tr.* Cumplir una promesa en el peor momento.

Traicionero, *adj.* Epíteto que se le adjudica al mar cuando hace exactamente lo que de él se espera.

Trampa, *f.* Atajo hacia la victoria que impide su disfrute. // 2. Mentira cubierta de hojas secas.

Trampantojo, *m.* Subterfugio que, desde el ángulo adecuado, puede pasar por cierto.

Tramposo, *adj.* Mal trampero.

Tranquilizar, *v. tr.* Sugestionar.

Tránsfuga, *m.* Abierto de mente.

Transigencia, *f.* Virtud teórica, sustituible por el elemental respeto.

Transigir, *v. intr.* Asentir para ganar tiempo.

Transmitir, *v. tr.* Hablar diciendo.

Transparencia, *f.* Exhibición orgullosa del enredo.

Transversal, *adj.* Epíteto que, en política, se usa para legitimar un despropósito.

Tras, *prep.* Enlace gramatical ideal para dar portazos.

Tuitear, *v. tr.*
Gritar en una habitación cerrada.

Trascender, *intr.* Aguantar otro poco.

Traspié, *m.* Primer paso del mártir. // 2. Buena idea aplicada a destiempo.

Tratamiento, *m.* Práctica que cualquier laboratorio serio prefiere a la cura.

Trato, *m.* Contrato entre un hombre y su ganado.

Traumatólogo, *m.* Quien sabe reparar huesos sin ayuda del Photoshop.

Tregua, *f.* Plato típico después de la Navidad. // 2. Período pintiparado para el reagrupamiento.

Trepa, *m.* y *f.* Arribista que siempre puede caer más bajo.

Trinchera, *f.* Zanja que cava uno mismo para culpar de su existencia a otro.

Triunfador, *adj.* Persona hecha de errores. // 2. Infeliz que convence al mundo de que se ha salido con la suya.

Trompeta, *f.* Extremo opuesto al silencio, ideal para derribar muros.

Tronco, *m.* Planta sin pies ni cabeza.

Tú, *pron.* Morfema gramatical ideal para el reproche.

Tufo, *m.* Resultado ineludible de la hidrofobia y la injusticia.

Tuitear, *v. tr.* Gritar en una habitación cerrada.

Tumbarse, *v. prnl.* Sentarse en serio.

Turista, *m.* Viajero que va a un país y no pasa en él un minuto.

Ubicar, *v. tr.* Insultar con puntería a un despistado.

Ubicuo, *adj.* Pesadísimo. // 2. Que, a cambio de información privada, le ofrece al usuario todo tipo de servicios.

Ufanía, *f.* Alegría de quien ignora que el problema no está aún resuelto.

Ufano, *adj.* Que no sabe que la vía por la que circula es de peaje.

Ufólogo, *m.* Señor que mira al cielo con la íntima ilusión de ser invadido.

Ukelele, *m.* Guitarra que parece diminuta porque la toca un hawaiano gigantesco.

Úlcera, *f.* Agujero negro unipersonal. // 2. Lesión en el orgullo que cicatriza con dificultad. // 3. Corolario del gozo.

Ulterior, *adj.* Lo anterior, no: lo siguiente.

Último, *adj.* Primero en cuanto vengan mal dadas o gire el curso de los tiempos.

Ultrajar, *v. tr.* Disparar una verdad por la espalda. // 2. Insistir en la evidencia.

Umbral, *m.* Término grandilocuente para definir el lugar donde se coloca el felpudo.

Unicornio, *m.* Mamífero cuadrúpedo, solípedo e inalámbrico.

Universal, *adj.* Que surge en Alcañiz, pero se medio entiende en China.

Universidad, *f.* Templo del suponer.

Universo, *m* Lugar bastante grande en el que caben los lugares pequeños.

Uña, *f.* Unidad de medida del fumador de porros.

Urbanita, *m.* Paleto de pueblo grande.

197

Usurpador, *adj.*
Que reclama algo (lo que sea).
// 2. Rey que se cree plebeyo.

Urbanización, *f.* Zoo en el borde de la selva. // 2. Barrio del mismo color, lejísimos de todo.

Urgencia, *f.* Prisa debatible. // 2. Apetencia inmediata.

Urgente, *adj.* Que no puede hacerse más tarde, pero puede repetirse.

Uruguayo, *adj.* Argentino que no sabe que lo es.

Urticaria, *f.* Enfermedad eruptiva de la piel, cuya causa más habitual es el resentimiento.

Usuario, *m.* Quien, para poder usar algún recurso, es usado a su vez por quien asegura asistirlo.

Usurpador, *adj.* Que reclama algo (lo que sea). // 2. Rey que se cree plebeyo.

Usurpar, *v. tr.* Recoger sin haber labrado.

Utilitarista, *adj.* Que no sirve para mucho.

Utopía, *f.* Zanahoria que ayuda a que la mula avance.

Uva, *f.* Tapón de la laringe en fechas señaladas. // 2. Unidad de tiempo (e impulso) de los saltadores cuánticos.

199

Vaciado, *m.* Único proceso que permite llenar algo.

Vacío, *adj.* Solar universal. // 2. Objetivo de la mente. // 3. Espacio sin materia que lo ocupa todo. // 4. Contenido del cerebro.

Vacuna, *f.* Sustancia que los laboratorios no tienen más remedio que crear si de verdad quieren sacar algo de ella. // 2. Preparado de antígenos que, aplicado a un organismo, provoca la erupción de un millón de artículos.

Vagabundo, *m.* Turista sin dinero.

Valentía, *f.* Reinterpretación de la inconsciencia. // 2. Miedo a posteriori. // 3. Miedo a tener miedo.

Valiente, *adj.* Junco frágil que sabe serlo.

Vanidoso, *adj.* Vulnerable. // 2. Marioneta de cualquiera.

Vano, *adj.* Que dice y no hace.

Variante, *f.* Forma que tienen los virus de presumir de iniciativa.

Vaso, *m.* Polideportivo para moscas.

Vecina, *f.* Mujer amable con sal. // 2. Fantasía del perezoso. // 3. Tacones que viven en el techo.

Vecino, *m.* Hombre que nos importuna con el mismo taladro que nos presta.

Vector, *m.* Camino del hombre recto.

Vegano, *m.* Individuo que anuncia su condición sin mediar estímulo.

Vegetariano, *adj.* Que no come nada que pueda salir corriendo.

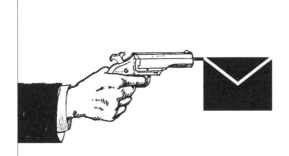

Votación, *f.*
Acción y efecto de desechar.

Vejez, *f.* Etapa que alcanza el ser humano cuando empieza a sentirse joven. // 2. Edad en la que no se tiene tiempo ni prisa.

Veleidoso, *adj.* Que, por rectificar con frecuencia, se imagina sabio.

Velocidad, *f.* Magnitud física de carácter vectorial que depende, más que nada, de la prisa.

Vencedor, *adj.* Empecinado.

Vendedor, *m.* Comprador de dinero.

Veneno, *m.* Sustancia que, administrada con destreza, mejora la salud de quien encarga el envenenamiento.

Venganza, *f.* Reembolso en frío. // 2. Sentido de la simetría.

Venta, *f.* Alquiler largo.

Ventilador, *m.* Dispersor mecánico que se usa para remover la materia orgánica que flota en pensiones, platós de televisión y tribunales de justicia.

Verdad, *f.* Mentira aprobada a mano alzada. // 2. Aquello que sigue siendo exacto cuando no conviene. // 3. Droga que genera curiosidad, pero raramente dependencia. // 4. Propiedad mutable del conocimiento.

Vergonzoso, *adj.* Narcisista tímido.

Vergüenza, *f.* Energía bloqueada. // 2. Arma (infalible) del individuo que es ridículo porque quiere.

Versión, *f.* Fuego graneado.

Vertedero, *m.* Origen de la civilización. // 2. Fin de la historia.

Viajar, *v. intr.* Quedarse quieto mientras el mundo marcha. // 2. Quedarse quieto en el extranjero. // 3. Quedarse quieto mientras pasa el tiempo.

Víctima, *f.* Verdugo sin reflejos.

Victimismo, *m.* Inflamación de las glándulas lacrimales ante la luz intensa o la presencia de un micrófono.

Victimista, *adj.* Que no es víctima de nadie. // 2. Cojo que renuncia a la muleta para apoyarse en la cojera. // 3. Arquitecto entregado al diseño y mejora de su propia cárcel. // 4. Damnificado encantado de serlo.

Victoria, *f.* Simulación desesperada de la alegría. // 2. Logro aparente. // 3. Futura derrota.

Vil, *adj.* Que siempre sale en auxilio del ganador.

Violín, *m.* Instrumento de cuerda que, en manos de un neófito, tiene la sonoridad exacta de un ultraje.

Violinista, *m.* Individuo capaz de extraer belleza del chillido de una rata.

Virginidad, *f.* Propiedad que, como las llaves, resulta fácil de perder.

Virtud, *f.* Cualidad tan diminuta que no hay quien la vea en los demás. // 2. Fortaleza moral que no debe confundirse con el virtuosismo.

Virus, *m.* Organismo de estructura sencilla y envidiable claridad de objetivos.

Víspera, *f.* Día que antecede a otro (y casi lo ocasiona).

Viuda, *f.* Novia eterna.

204

Vivir, *v. intr.* Salir de una para meterse en otra. // 2. Viajar al futuro. // 3. Hacer tiempo.

Voluntad, *f.* Entusiasmo contenido, sostenido y razonado. // 2. Capacidad de hacer lo que no se quiere hacer. // 3. Arma del guerrero.

Voluntario, *adj.* Tirando a obligatorio. // 2. Autoimpuesto.

Voracidad, *f.* Debilidad encantadora por uno mismo.

Vosotros, *pron.* Expresión displicente con que se hace a un grupo responsable de algo.

Votación, *f.* Acción y efecto de desechar.

Votante, *adj. Groupie* dominical. // 2. Futuro exvotante.

Votar, *v. intr.* Dar *like*. // 2. Firmar un contrato en blanco.

Voz, *f.* Sonido producido por la vibración de la opinión.

Vuelco, *m.* Movimiento con que algo se vuelve o trastorna hasta quedar como estaba.

Vulgar, *adj.* Especial como tantas cosas.

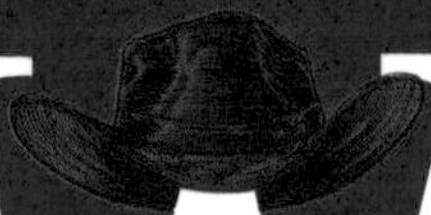

W

W, *f.* Vigesimocuarta letra del abecedario español, muy útil para hablar en cualquier otra lengua.

Wagneriano, *adj.* Que tiene rasgos característicos de la obra de Wagner (como, por ejemplo, detractores).

Wahabismo, *m.* Movimiento que defiende el retorno a la pureza islámica que reinaba, por lo visto, justo antes del Big Bang.

Walkie-talkie, *m.* Regalo inquietante para el hijo único.

Walkman, *m.* Cualquier reproductor portátil que pueda escucharse con auriculares de espuma naranja.

Waterpolo, *m.* Deporte en que se ahogan los caballos. // 2. Juego acuático que consiste en sacudir las piernas hasta remontar el vuelo.

Web, *f.* Red informática y, por tanto, de pesca.

Western, *m.* Género cinematográfico en que los personajes callan y habla el paisaje.

Westfaliano, adj. Natural de Westfalia, región histórica alemana situada entre Wsgdtejsivffen y Süjdggjsyescher.

Whisky, *m.* Extracto de color ámbar que mana del carbón cuando lo ordeña un escocés.

Wifi, *m.* Ser inmaterial y dotado de razón que puede confundirse con el espíritu.

Windsurfista, *m.* Rubio de pelo largo y tatuaje en el omóplato que, en cuanto se forma una ola, rompe a decir que anda buscándose a sí mismo.

Wolframio, *m.* Elemento químico de color acerado que se usa mucho para fabricar cosas que lleven wolframio.

X, *f.* Cantidad indeterminada. // 2. Exactamente diez. // 3. Vigesimoquinta letra del alfabeto, que sirve para pagar al Estado y señalar los tesoros escondidos (valga la redundancia).

Xenofobia, *f.* Desconfianza en uno mismo.

Xenófobo, *adj.* Que tiene miedo a volar.

Xenoglosia, *f.* Capacidad sobrenatural para inventarse las letras de las canciones por aproximación fonética.

Xenón, *m.* Gas noble con nombre de dios pagano.

Xero–, *elem. compos.* Seco como el trigo seco.

Xerografía, *f.* Proceso de impresión a medio camino entre el papel de calco y la fotocopia.

Xi, *f.* Decimocuarta letra del alfabeto griego, muy ventajosa para parecer tonto y para hacer reír a un niño.

Xilófago, *adj.* Que siente apetito por las tablas, como las termitas, los actores y la prometida de Pinocho.

Xilófono, *m.* Instrumento musical con que el niño se conforma cuando alguien le quita de una vez la puta trompeta.

Xilografía, *f.* Arte de arruinar la madera.

Xilografiar, *v. tr.* Tatuar una planta a fondo.

Xilógrafo, *m.* Artista en general sensible, aunque resentido con nuestros bosques.

209

Y

Ya, *adv.* Enseguida.
// 2. Dame un par de horas.
// 3. Mañana lo tienes.

Yacer, *v. intr.* Tumbarse
con estilo.

Yang, *m.* Como el yin,
pero con otro talante.

Yate, *m.* Barco que surca
sin obstáculos la ancha
demasía.

Yegüa, *f.* Animal superior
al caballo en practicidad,
sentido común y ausencia
de ego.

Yin, *m.* Como el yang, pero
para abajo.

Yo, *pron.* Primera, segunda
y tercera personas del
singular.

Yodo, *m.* Remedio
probablemente eficaz,
pero fácil de confundir
con la sangre.

Yoga, *m.* Disciplina
oriental que estira al
occidental o, si no, lo
anuda.

Yogur, *m.* Leche caducada
a punto de caducar.

Yonqui, *m.* Individuo con
la habilidad de caminar
un paso por delante de sí
mismo.

Yoyó, *m.* Metáfora alegre
de la futilidad. // 2. Péndulo
extremadamente retraído.

Z

Zafarse, *v. prnl.* Eludir una responsabilidad con un tirón seco.

Zafio, *adj.* Que, siendo bastante feo, se toma la libertad de decir lo que sólo al guapo se le tolera.

Zagal, *m.* Niño de los de antes.

Zalamero, *m.* Hombre con un plan oculto.

Zambomba, *f.* Instrumento musical basado en la autoestima.

Zarzuela, *f.* Saturnal de pescados y mariscos. // 2. Encrucijada musical entre el lirismo y la jota aragonesa.

Zigzag, *m.* Camino recto visto desde la altura.

Zodiaco, *m.* Faja celeste que comprende los doce signos, casas, constelaciones o coartadas responsables de nuestros desaciertos.

Zombi, *m.* Empleado desprovisto de estímulo. // 2. Muerto reanimado con amenazas. // 3. Vivo discreto.

Zozobra, *f.* Agitación del alma que sobreviene en las embarcaciones inestables. // 2. Grado superior del conocimiento al que se accede a través de la cautela.

Zumba, *f.* Baile de madres.

Zumo, *m.* Confesión del fruto untuoso sometido a encarnizamiento.

Zuzón, *m.* Última palabra del diccionario, que probablemente no signifique nada en absoluto, pero vaya usted a saber.

213

Rodrigo Cortés

Q uiso ser pintor, escritor y músico; hoy lo hace todo a la vez al dedicarse al cine. Ha trabajado con actores de la talla de Robert de Niro, Sigourney Weaver, Ryan Reynolds o Uma Thurman. Como escritor, a finales de 2013 publica *A las 3 son las 2*, colección de antiaforismos, delirios y bombas de mano, y, un año más tarde, *Sí importa el modo en que un hombre se hunde*, su primera novela. En 2016 aparece su nuevo libro de breverías, *Dormir es de patos*, y en 2021 publica con gran éxito *Los años extraordinarios*, su segunda novela. Firma para el diario *ABC* la sección *Verbolario* —diccionario satírico que inspira este volumen— y escribe de forma habitual en su tercera página. Habla de cine, literatura y música en *Aquí hay dragones* y *Todopoderosos*, los dos podcasts más escuchados del momento. *Verbolario* es su quinto libro.

Papel certificado por el Forest Stewardship Council®

Primera edición: septiembre de 2022

Printed in Spain — Impreso en España

ISBN: 978-84-397-4074-2
Depósito legal: B-11.897-2022

Impreso en Gómez Aparicio, S.L.
(Casarrubuelos, Madrid)

RH40742